와우! 에서 아하! 로 이어지는

신세계 초등 과학 수업

우리교과서

목차

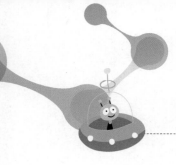

프롤로그

과학 수업의 신세계

수석 교사인 내게 누군가 '특별히 더 재미있는 과목이 있을까요?'라고 물어온다면 대답은 '물론!'이다.

모든 교사가 비슷하겠지만 내게도 당연히 더 좋아하고 재미있는 과목이 있다. 그것은 바로 과학이다. 내가 좋아하는 과학 과목을 좋아하는 학생들과 함께하는 과학 수업 시간이 내게는 가장 재미있고 즐거우며 또한 기다려지는 시간이다. 무궁무진한 호기심과 신기한 실험, 친구와 함께 재미있는 결과를 도출해내는 과학 수업 시간, 이렇게 재미있고 신기한 세상이 또 어디에 있을까?

"선생님, 정말 신기해요!"
"우와, 재미있어요!"

이런 반응들은 늘 듣게 되는 기본적인 반응이다. 즐겁게 수업을 마친 학생들이 두 눈을 반짝이며, "선생님 수업은 한마디로 말해서 신세계예요!"라고 말해줄 때 나도 모르게 엔돌핀이 솟아오르고 콧노래를 부르며 내일의 수업을 준비하게 된다.

과학 수업은 그 분야가 다양하다. 아울러 물리, 화학, 지구과학, 생물 등 각 분야에 따라 교육과정과 수업 내용, 교수 방법, 실험 방법도 다양하다. 실제로 물리나 화학 실험 수업을 재미있고 명쾌하게 하는 선생님도 생물의 현미경 조작이나 영구 프레파라트, 미생물에 대해서는 자신 없어 하는 경우가 간혹 있다.

이런 이유로 과학 교과가 전공인 초등 수석 교사 6명이 모여 자신들의 과학 수업 경험과 수업 노하우를, 그동안 학생들과 과학 수업 실험을 하면서 노력하고 성장해온 이야기와 함께 책으로 담아 펴내게 되었다.

8년 동안 나만의 수업 브랜드를 만들고 학생들과 행복하게 수업해왔다. 파이팅을 외치며 과학 수업에 함께한 학생들 덕분이다. 내가 준비하는 만큼, 도전하는 만큼 열정적인 호응이 있다는 것을 다시 한번 깨달았다.

-이완석-

여름 방학을 마치고 등교한 학생들에게 방학 중 가장 기억에 남는 활동이 무엇이었는지 물어보았다. 평상시에도 과학에 관심과 흥미가 많던 한 학생은 자신의 치태와 설태를 채집해서 현미경 표본을 만들어 위상차 현미경으로 관찰한 것이라고 대답했다.

작은 생물과학자의 탄생이었다.

-손희윤-

'옳지! 내가 좋아하고 잘하는 미술(예술)을 과학에 더하여 융합 교육이라는 관점으로 과학 수업을 한번 해보자.', '아이들의 생각대로 만드는 창의적 작품(수업 결과물) 속에서 과학적 개념을 이해하고 학습 문제를 해결할 수 있고, 또한 형형색색 아름다움을 맛보아 자칫 바쁜 생활로 점점 메말라가는 정서에 윤기를 더할 수 있겠지!' 하는 작은 바람으로 과학과와 미술과의 융합 수업인 '美'친 과학 수업을 시작해보았다.

-박명숙-

30년의 교직 생활을 보내고 있는 지금, 두렵고 떨리는 마음으로 지나온 세월을 돌아보면 그 모든 시간들이 오늘의 나를 존재하게 한 소중한 자산들이다. 이 세상에 존재하는 한 끊임없이 계속해서 추구해야 하는 나의 삶이자, 존재 방식 그 자체라고 할 수 있다.

질문은 나의 수업에 여러 가지 답을 주었다.

-이기호-

학생들과의 첫 만남에서 작은 과학자가 되어보자고 약속은 했지만 무엇을 어떻게 해야 할지 막막해하는 학생들에게 구체적인 방법을 알려주고 싶었다.

첫 과학 글쓰기 수업에 대한 경험은 호기심으로 이어지고 이후 과학 수업의 원동력이 되었다.

-이수용-

교사의 수업 역량은 수업 디자인 역량, 다른 말로 수업 설계 역량에서 시작된다. 교사가 한 차시의 수업을 어떻게 디자인하는가는 수업의 성패를 좌우할 수 있다. 그런데 매시간을 공개 수업 준비하듯 수업 준비를 할 수도 없는 현실에서 어떻게 하면 일상 수업을 효율적으로 준비할 수 있을까?

현장의 많은 교사들이 수업에 대해 겪는 가장 현실적인 고민을 함께 풀어보았다.

-윤동학-

'와우!'에서 '아하!'로 이어지는 과학 수업

매년 4월은 수석 교사의 시범 수업이 있는 달이다. 우리 학교에서는 그해의 자율 장학 수업 공개가 이루어지기 전에 맨 처음으로 수석 교사가 먼저 수업 공개를 한다. 올해(2022년)는 5학년 1학기 2. 온도와 열 단원에서 '액체에서는 열이 어떻게 전달될까?'를 주제로 수업을 공개했다.

〈액체에서의 열 전달 실험〉

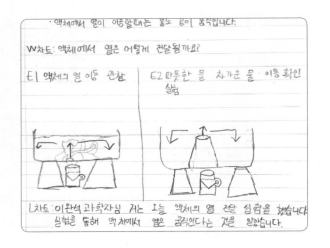

〈학생이 작성한 KWeL 차트〉

과학 수업은 실험 그 자체로 학생들의 흥미를 불러일으킨다. 학생들은 위 실험과 같은 작은 실험 변화에도 '와우!'라고 반응한다. 더욱이 기발한 아이디어가 들어 있는 실험은 누가 보아도 재미있고 눈이 가기 마련이다.

공개 수업 전날 내가 중요하게 생각하며 하는 일은 '발문 5가지 생각하기'이다. 무엇을 질문해야 학생들이 스스로 이유를 생각하게 될까? 또 언제 발문을 해야 할까? 수업 도중 발문은 내용도 중요하지만 시기도 매우 중요하다. 교사의 적절한 힌트와 발문으로 학생들은 '아하!'라고 스스로 깨달으며 생각을 정리할 수 있기 때문이다.

언젠가 과학과 교실 수업 개선 연수에서 한 선생님이 과학학습 모형에 대해 질문한 적이 있다.

"수석님은 과학학습 모형을 적용하시나요? 저는 가설검증 모형으로 공개 수업을 해보았는데 쉽지 않았어요."

솔직하게 답변하면 나도 가설검증 모형으로 수업하다가 실패한 적이 한두 번이 아니다. 40분이라는 짧은 수업 시간 내에 가설검증 모형 수업을 하기에는 너무 어렵고 복잡했다. 일부 학생들만이 가설을 세우고 검증하는 활동에 적응할 뿐이었다.

지난 8년 동안 해 온 나의 수업 모형은 오직 한 가지, 발견학습 모형이다. 내가 하고자 하는 과학 수업의 대부분은 실험 수업이며, 자유 탐색에서 교사의 의도된 추가 탐색으로 이어지는 수업 흐름이 학생들에게 '와우!'와 '아하!'를 반복하면서 과학 개념을 발견하도록 안내한다.

피아제부터 비고츠키까지 과학 수업 로드맵

지난 30년 동안 과학 수업에 대한 심리학적인 이론은 눈부신 발전을 해 왔다. 또한 과학 탐구 방법이나 창의융합적인 수업 방법들도 책이나 연수를 통해 지속적으로 소개되고 있다. 하지만 과학 수업이나 탐구 활동에서 학생들이 과학 지식을 받아들이는 인지 방법은 지금도 대부분의 학자들이나 교사들이 피아제 Jean Piaget와 비고츠키 Lev Vygotsky의 이론을 수긍하고 수업에 적용하고 있다.

간단히 정리해보면 피아제는 지적 발달이 새로운 환경(실험이나 관찰)에 대한 순응(順應)으로 동화(同化, assimilation)와 조절(調節, accommodation)이라는 두 가지의 개념 인지적 과정을 통해서 이루어진다고 주장하며, 비고츠키는 근접발달 이론에서 인지능력은 새로운 발판(비계 작업)으로 적절히 지도하고 가르치면 학생 스스로 새로운 인지구조가 발달하게 된다고 주장한다. 위의 두 가지 주장을 바탕으로 과학 수업이 어떤 전략으로 이루어져야 하는지 알아보고자 한다.

🜂 피아제의 인지발달 이론

피아제는 인간과 환경의 능동적인 상호작용의 결과 인지구조의 질적인 변화가 나타난다고 주장한다. 이를 과학 수업에 적용해 보자. 학생들은 과학 수업을 할 때 이미 자신이 알고 있는 과학 지식이 있으며, 이어지는 실험에서 자신의 기존 지식으로 실험 결과를 설명하고자 한다. 이때 자신의 지식으로 설명이 가능하면 괜찮지만, 설명할 수 없거나 이해할 수 없는 실험 결과는 새로운 생각을 이끌 수밖에 없다. 이때 교사의 힌트나 발문이 좀 더 과학적인 개념으로 인지구조가 변하도록 도움을 주게 된다.

 Tips

★ 피아제의 인지발달 이론
피아제의 인지발달 이론에서, 학습자는 기본적으로 인지구조를 가지고 있으며 능동적이다. 그래서 타고난 인지기능으로 물리적 환경과 상호작용하며 지식을 새롭게 구성해나간다. 기존의 자신의 인지구조에 새로운 지식이나 개념이 들어올 때 기존과 같으면 평형화 상태를 유지하고, 그렇지 않으면 불평형 상태가 된다. 이때 불평형 상태를 해소하기 위해 평형을 찾고자 하는 욕구가 생기게 되며 동화와 조절 과정을 통해 인지발달이 일어난다고 주장한다.

✿ 과학과 교수 학습에서 피아제 이론의 적용

○ 구체적인 경험에서 추상적인 개념으로 수업을 구상해야 한다.

발견학습 모형의 단계처럼 스스로 발견하는 자유 탐색과 교사의 의도된 추가 자료 탐색의 구체적인 실험 경험으로부터 추상적인 과학 개념이 발견되도록 수업을 구상해야 한다.

○ 다양한 발문과 새로운 경험으로 학생의 인지적 불균형을 유발해야 한다.

학생들이 '와우!'라고 외칠 수 있는 새롭고 신기한 실험과 자료를 준비하는 것이 학생의 인지 불균형을 이끌고, 이로써 자기 주도적인 탐구가 일어나게 된다.

○ 과학 수업에서 학생의 능동적 수업 참여를 강조해야 한다.

○ 과학 수업 활동에서 비슷한 또래와의 상호작용 기회가 필요하다.

⚛ 비고츠키의 근접발달 이론

비고츠키에 따르면 학생들은 스스로 과제를 해결할 수 있는 실제적 발달 수준과, 교사나 유능한 동료의 도움을 받아야만 과제를 해결할 수 있는 잠재적 발달 수준을 지니고 있다고 한다. 이때 교사가 수업을 통해 설명, 시범, 발문, 힌트 등의 방법으로 학생에게 다음 단계로 올라갈 수 있는 비계를 제공해주는 것이 중요하다. 또한 과학실에서 같은 테이블에 앉아 함께 실험을 진행하는 옆 친구가 실제적 발달 수준에서 잠재적 발달 수준으로 나아갈 수 있도록 도움을 제공해 주기도 한다.

Tips

★ 비고츠키의 근접발달 이론

▶ 근접발달 영역(ZPD, Zone of Proximal Development)

실제적 발달 수준과 잠재적 발달 수준 사이의 영역을 말한다. 혼자서는 해결할 수 없으나 성인이나 뛰어난 동료와 함께 학습하면 성공할 수 있는 영역을 의미한다.

▶ 비계 설정(Scaffolding, 발판)

학생들에게 자신이 해결할 수 없는 문제나 목표를 성취할 수 있도록 도움을 주는 행동을 의미한다. 근접발달 영역에 있는 능력과 수행 수준에 맞추어 구조화를 형성할 수 있도록 단서를 제공하는 도움을 의미한다.

Zone of Proximal Development

what I can't do

what I can do with help

what I can

교수·학습 과정에서 교사의 전략적 수업 하에 학생이 능동적으로 수행하는 활동들이 근접발달 영역을 창출하게 되고 발달의 다음 단계로 이끌어가게 한다.

✪ 과학과 교수 학습에서 비고츠키 이론의 적용

○ 교사나 유능한 또래와의 협동 학습을 강조해야 한다.

○ 모둠 학습에서 공동의 수업 목표와 활동이 필요하다.

○ 과학 수업에서 교사의 시범, 예시, 발문, 힌트가 필요하다.

○ 과학 수업 활동에서 적절한 과제의 난이도가 필요하다.

학생들은 스스로 학습할 수 있는 능력을 이미 가지고 있으며 그 능력을 끌어내기 위해서는 어떠한 외부적인 자극이나 준비가 필요하다. 이 부분이 바로 우리 과학 교사들이 앞으로 해야 할 역할이라고 생각한다.

Chapter 01

스마트한 KWeL 과학 수업

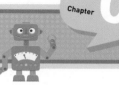

스마트한 KWeL 과학 수업

약도 되고 독도 되는 과학 수업

교사가 하루에 가장 많이 마시는 커피는 실은 약도 되고 독도 되기도 한다. 하루에 3잔(약 240~320㎎) 이하로 마시는 커피는 기억력 및 사고력 감퇴를 막아주지만, 300㎎ 이상 섭취하면 수면·위장 장애 등의 중독 증상이 나타나기도 한다.

과학실에서 진행되는 실험 수업도 마찬가지인 것 같다. 담임 교사의 안내로 과학실 앞에 줄 서 있던 학생들은 '입장!'이라는 말과 함께 과학실로 들어온다. 과학실에 들어오면 학생들은 먼저 조별 실험대 위에 있는 여러 가지 과학 기구들과 실험 준비물들을 호기심 가득한 눈으로 쳐다본다. 과학 수업에서는 따로 주의집중 기법을 쓰지 않아도 학생들은 흥미를 가지게 된다. 일부 학생들은 미리부터 당일 실험에 대해 호기심을 가지고 기구를 만져보거나 조작해보기도 한다. 지난 설탕 용해 실험 수업에서는 실험 전에 각설탕을 입에 넣어보는 학생도 있었다.

학생들이 이렇게 즐겁고 신이 나는 반면 실험 수업은 교사에게 독이 되기도 한다. 보통 과학실은 6개의 큰 조별 실험대로 구성되어 있다. 학생들은 큰 테이블에서 서로 마주보거나 옆에 붙어 앉게 되며, 당연히 앞과 옆에 있는 친구들과 이야기를 나누게 된다. 또한 수업 중에 알코올 램프나 유리 기구 등의 위험한 실험 기구를 사용하므로, 교사들은 경직되거나 긴장한 상태로 수업을 진행하게 된다. 얼마 전에는 알코올 램프를 사용하여 실험을 진행하다가 뒷문 쪽 실험대에서 학생 두 명이 싸우는 바람에 놀라서 달려가 말리고 혼낸 적도 있었다. 이런 이유 때문에 일부 교사들은 과학 실험 수업을 기피하기도 한다.

과학과 교실 수업 개선 연수를 하면서 '과학 수업 하면 떠오르는 나의 감정이나 생각을 적어보세요.'라고 멘티미터 mentimeter를 이용해 설문을 진행한 적이 있다. 그 결과는 아래와 같았다.

> '과학(실험) 수업' 하면
> 떠오르는 나의 감정이나 생각은?

흥미와 재미가 있는 실험 / 실험 / 실험수업할때 애들 관리가 잘 될까 / 준비하는데 시간이 많이 필요함 / 교구 준비하기 귀찮겠다 / 애들이 정리좀 잘해줬음 좋겠다 / 오류가 생기면 당황스럽다 / 재미 / 실생활과의 연계성 / 실험도구 준비 및 정리 / 어렵다 / 재밌다 / 생각대로 안된다 / 재미있다 / 걱정 / 안전이 걱정스럽다 / 신기하다 / 부담 / 안전사고 / 흥미롭다 / 안전 걱정 / 준비 / 기대 반 걱정 반 / 전담이해줬으면좋겠다 / 실험 준비가 오래 걸린다 / 준비할게 많다 / 폐시약 관리 / 실험 실패하면 어떡하지 / 지도서말안들었다

〈멘티미터 활용 설문 결과〉

신기한 과학 수업 첫 시간

"자, 이제 물이 든 컵을 뒤집어보세요!"

"우와, 선생님, 신기해요."

"하하, 신기하죠! 종이로 막았을 뿐인데 ⋯."

"왜 물이 떨어지지 않나요? 이유를 각자 생각해보세요."

〈 컵을 뒤집어도 쏟아지지 않는 물 실험 〉

당연히 신기하다. 왜냐하면 자신의 생각과 예상으로는 반드시 쏟아진 물로 책상이 난장판이 되어야 하는데, 실험 결과는 그렇지 않기 때문이다. 학생들은 자신의 예상과 완전히 반대의 결과가 나왔을 때 신기해하며 그 이유를 궁금해한다. 기존 지식으로는 당연히 컵의 물이 쏟아져야 하는데 예상 밖의 결과가 나옴으로써 학생들은 호기심, 재미, 새로운 탐구 욕구 등을 가지게 된다.

첫 수업 시간은 중요하다. 학생들은 과학 선생님이 어떤 분인지, 과학실이 어떤 곳인지, 과학실에서 내 옆에 누가 앉게 되는지에 관심이 있다. 이에 반해 교사들은 첫 시간에 1년 동안의 과학 수업이 어떻게 진행되는지에 관한 과학 수업의 패턴을 안내해야 한다. 특히 과학 전담 교사에게 첫 수업 시간의 분위기는 앞으로의 1년을 좌우할 만큼 중요하게 여겨진다. 대부분의 교육학자들이 차시 수업에서의 동기 유발이 수업 성공의 70%를 차지한다고 하는데, 실제로 과학 수업에서도 첫 시간의 수업 안내나 분위기가 1년 수업을 좌우하는 경우도 많다.

내가 첫 시간에 학생들에게 안내하는 과학 수업 진행 방식은 다음과 같다.

○ 선생님은 1년 동안 여러분이 과학자처럼 스스로 탐구하고 실험하면 좋겠어요.

○ 선생님은 꼭 실험을 해요. 교과서에 없으면 만들어서라도 실험을 통해 수업해요.

○ 그리고 꼭 노트 정리(실험 보고서 작성)를 해요. 과학자는 실험 후 꼭 그림과 설명으로 기록을 해야 해요.
   이 기록이 다음 실험의 준비가 되기 때문이에요.

○ 실험 결과와 보고서는 스마트폰으로 찍어서 학급 과학 밴드에 올립니다.

좋은 과학 수업을 위한 고민

교사들은 좋은 수업에 대해서 항상 고민하고 있다. 나 또한 2001년에 1급 정교사 연수를 받으면서 다가오는 3월의 6학년 수업에 대해 나름 고민했던 기억과, 2015년에 수석 교사가 되면서 막중한 책임감을 가지고 과학 수업을 어떻게 할 것인지 더욱더 치열하게 고민했던 기억이 있다.

좋은 수업이란 어떤 수업일까? 독일의 교육학자 힐베르트 마이어 Hilbert Meyer는 '좋은 수업'의 특징을 다음 4가지로 제시하였다.

① 수업의 명료한 구조화
② 학습 몰두 시간의 높은 비율
③ 학습 촉진적인 분위기
④ 의사소통

⚛ 나만의 과학 수업 패턴 세우기

과학 수업을 하는 나만의 패턴이 있으면 학생들이 쉽게 실험 수행이나 개념화에 도달하게 되는데, 과학 수업에서 내가 택한 과학자로서 탐구하는 방법이자 수업의 순서는 바로 KWeL이다. 학생들이 과학 실험실에 들어오면 가장 먼저 테이블 위에 당일 사용할 실험 기구와 재료들이 바구니에 담겨 있는 것을 발견하게 된다. 호기심을 가지고 오늘 실험할 내용을 교과서나 사전 동영상을 통해서 미리 살펴본 후 노트에 KWeL을 표시하며 수업 준비를 한다.

⚙ 거꾸로 과학 수업

교사가 미리 올려놓은 사전 동영상을 학생들이 미리 보고 수업에 참여하며, 수업은 실험과 나눔, 질문하기, 친구에게 설명하기 순으로 진행된다.

★ 거꾸로 학습 방법들
사전 동영상의 제작, 거꾸로 수업 팁 등은 아래 대표 교육 사이트와 책을 참고하세요.

■ 거꾸로 학습법 대표 교육 사이트
미래교실네트워크(http://www.futureclassnet.org)

⚙ KWeL 과학 수업(나만의 수업 패턴)

KWeL 과학 수업에서 K차트(Knowledge, 사전 지식)에서는 당일 실험 수업에 대한 학생의 사전 지식을 정리하고, W차트(Wonder 궁금한 점)에서는 실험에 대한 궁금한 점을 적는다. e차트(experiment 실험)에서는 실험1, 실험2를 수행한 그림과 결과를 적고, L차트(Learned 알게 된 점)에서는 알게 된 점 서로 설명하기를 진행한다.

✿ 과학 공책이나 과학 노트(실험 보고서) 이용

요즘은 실험 관찰 책이 따로 제공되므로 이를 통해 과학 실험 결과나 개념 정리를 적고 수업을 진행하기도 한다. 장단점이 있지만 실험 관찰 책에 정답을 적고 나면 왠지 그것으로 수업이 끝나버리는 흐름이 되고 만다. 그보다는 과학 공책이나 실험 보고서를 이용하여 실험 결과나 실험을 통해 알게 된 점을 정리하는 것이 더 효율적인 수업이 될 수 있다.

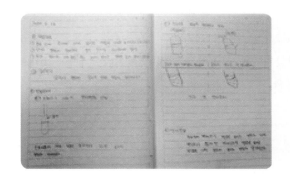
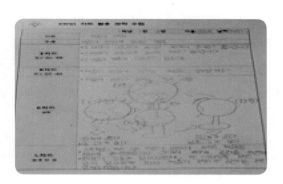

〈 KWeL 과학 공책, 과학 노트 활용 〉

〈 평균 기억율 〉

5%	강의 듣기
10%	읽기
20%	시청각 수업 듣기
30%	시범강의 보기
50%	집단 토의
75%	실제 해보기
90%	서로 설명하기

출처 : NTL(National Training Laboratories)

〈 학습 효율성 피라미드 〉

학생 스스로 탐구하고
실험하고 서로 가르치면 좋겠다.

K Knowledge 사전 지식·경험 → W Wonder 알고 싶은 점

알게 된 점 Learned L ← 탐구·실험 experiment e

〈 KWeL 수업의 구성 〉

스마트한 KWeL 과학 수업을 계획하다

2015년, 나는 수석 교사로서 첫 발령을 받아 김천 부곡초등학교로부터 디지털교과서 연구학교의 컨설턴트로 지정되었다. 처음 맡은 연구학교 컨설턴트로 참석하면서 연구주무 선생님의 시범학교 주제와 계획을 듣게 되었는데, 주제는 바로 'KWL차트 기법을 이용한 디지털교과서 활용 수업'이었다. 그즈음에도 나는 나만의 과학 수업에 대한 고민을 계속하고 있었는데, 연구 담당자의 KWL차트 기법의 설명을 듣는 순간, '아하!' 이것은 과학 수업의 흐름과 정말 똑같다는 생각이 들었다. 실제로 과학자도 내가 알고 있는 지식의 바탕 위에 오늘 연구할 주제를 명확히 하고 실험을 통해 증명한 다음, 알게 된 것을 정리하거나 다른 과학자에게 설명하는 과정을 거친다. 여기에 스마트한 실험 정리를 더하면 왠지 더 흥미롭고 재미있는 과학 수업이 될 것 같은 느낌이 들었다.

★ **KWL차트 기법**

오글(D. Ogle, 1986)에 의해 개발된 학습 전략으로 알고 있는 것(What I Know), 알고 싶은 것(What I Want to know), 알게 된 것(What I have learned)을 말한다.

■ KWL차트 기법 교육 사이트
미래교실네트워크(http://www.futureclassnet.org)

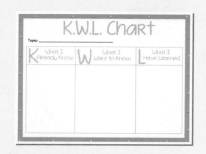

✿ **KWL 차트에 e를 더해서 과학 수업 패턴을 정하다**

KWL차트 기법은 오글(D.Ogle, 1986)이 개발한 학습 전략으로 '알고 있는 것(What I Know)', '알고 싶은 것(What I Want to know)', '알게 된 것(What I have learned)'을 말한다. 과학 수업에서는 학생 스스로 실험 탐구하는 활동 중심 수업을 위한 준비(K), 계획(W), 실험(E, experiment), 정리(L) 단계에서 이를 접목하여 활용하였다.

✿ **스마트앱을 활용한 K차트 작성**

스마트앱을 활용하여 각 모둠에 미션을 주면서 사전 학습 자료를 탑재한다. 학생들이 해당 차시 과학 수업 전에 가정에서 자료를 학습할 수 있도록 K차트 과제를 제시한다. 교사는 학생의 답변을 확인하고 우수 과제를 선정하거나 댓글을 다는 등의 방법으로 피드백을 제공한다.

✿ 학습 목표를 제시하는 W차트

교사는 학생 활동 중심 수업을 실행하기 위해 단원별 성취기준을 분석하고 이에 맞는 수업 계획을 세우며, 학생들은 사전 과제를 힌트로 하여 자신의 흥미를 고려한 W차트를 작성한다. 또한 학생들은 학습 문제 해결을 위한 방안을 스스로 찾아본다.

✿ 문제 해결을 위한 실험 계획을 세우고 수행하는 E차트

학생들은 학습 문제를 해결하기 위한 실험 계획을 세우고 실험을 수행한다. E차트에 실험 준비물, 실험 방법, 실험 결과, 유의점 등을 자세히 기록한다. 모둠의 협의와 역할 분담으로 실험을 수행하며, 스마트앱에 미션을 해결하고 실험 결과를 업로드한다. 교사는 실험 안내자의 역할을 수행한다.

✿ 학습 정리 및 피드백을 위한 L차트

학생 활동 중심 수업 및 과학과 문제 해결 수업에서 실험 결과를 확인하고 오늘 학습한 내용을 스스로 정리하는 단계이며, 학생들은 학습 정리 및 피드백을 위해 L차트를 작성한다. 스마트앱에서 오늘 실험 수업에서 배운 내용을 정리하여 댓글로 올리고 친구들과 나누며 피드백을 가진다.

KWeL 과학 수업의 실제

KWeL 과학 수업은 KWL 차트를 활용하여 학생의 사전 지식을 모아서 궁금한 점을 실험·탐구하며 알게 된 점을 차트에 기록하는 방법으로, 우리가 익히 알고 있는 구성주의적 과학 수업이라 할 수 있다. 이는 학생 스스로 과학자로서 생각하고 탐구하는 수업 전략으로, 과학자들이 기존에 알고 있는 경험적 지식을 통해 궁금한 점을 찾아 탐구함으로써 새로운 지식을 얻게 되는 과정과 관계가 있다.

수업을 소개하기에 앞서 수업을 진행하는 수업자의 의도를 안내하고자 한다. 6학년 1학기 첫 단원인 '1. 지구와 달의 운동'은 자전과 공전이라는 시스템에 관점을 두고 있으며, 달의 위상과 별자리가 달라지는 까닭을 달과 지구의 공전이라는 개념을 이용하여 이해하도록 구성되어 있다. 따라서 수업에서는 학생 주도적 실험 활동을 통해 달의 공전 현상에 의한 달의 위상을 모형 실험을 통해 관찰하고 이해하도록 의미 있는 지도가 필요하다. 또한 '[6과09-03] 달의 모양과 위치가 주기적으로 바뀌는 것을 관찰할 수 있다.'의 성취기준에 도달해야 하는 매우 중요한 차시이다.

✿ 수업의 유의점을 소개하면 다음과 같다.

① 학급밴드 앱과 KWeL 차트 기법을 활용하여 사전 동영상을 예습 과제로 제시한다.

② 공동 문제 해결을 통한 협업 능력 신장에 중점을 둔다.

③ 학생들이 자기 생각을 이야기할 수 있는 개방적인 수업 분위기를 유도한다.

④ 학생 상호간 소통 및 자기 주도적 실험이 가능하도록 학생 활동 자율성을 개방한다.

⑤ 스마트앱을 활용하여 모둠별 미션 점수를 부여하면서 동기를 유발한다.

⑥ 각자의 색깔을 선택하여 모둠별 생각 나눔장에 실험 보고서를 작성한다.

KWeL 과학 수업에서는 여러 가지 스마트 도구를 활용한다. 팀플 등의 미션 제시와 점수가 모둠별로 자동 배분되는 스마트앱을 활용하기도 하고, 네이버 학급밴드 앱을 통한 거꾸로 학습 Flipped Learning 기법으로 수업을 준비하기도 한다. 모둠별 역할 중 평소에 보고서 작성을 어려워하거나 과학 수업에 집중하지 못하는 학생에게는 자신의 스마트폰을 이용하여 실험 사진 및 실험 동영상을 찍게 하여 학급밴드 앱에 정리해서 올리도록 역할을 분담한다. 실제로 한 학생은 실험 활동에서 사진 촬영, 밴드에 결과 게시 등의 활동에 흥미를 가지고 적극적으로 수업에 임하게 되었다.

본 차시에서는 '달의 위상 변화가 생기는 까닭'에 대한 동영상을 사전 과제로 시청하도록 제시했다. 또 차시 수업 전에 '달의 위상앱'을 통해 달의 위상을 개인별로 찾아보게 하고, '왜 달의 모양이 다를까?'에 대한 의문을 스스로 탐색하게 했다. 실험을 통해 스스로 해답을 발견한 후 모둠별 '생각 나눔장'을 통해 서로의 의견을 공유하며, 결과물을 사진으로 찍어 팀플이나 학급밴드 앱에 탑재하게 하여 수행평가용 포트폴리오로 활용했다.

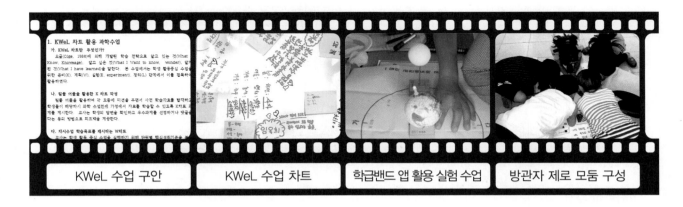

| KWeL 수업 구안 | KWeL 수업 차트 | 학급밴드 앱 활용 실험 수업 | 방관자 제로 모둠 구성 |

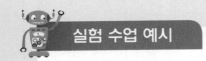

지구와 달의 운동(달의 모양 변화)

1 수업 안내

학년(학기)	6학년 1학기	교수 · 학습 모형	발견학습
단원 및 차시	1. 지구와 달의 운동(8/11)		
학습 주제	• 달의 모양이 변하는 까닭 알기		
학습 목표	• 달의 모양이 변하는 까닭을 이해하고 설명할 수 있다.		
내용 성취기준	• [6과09-03] 달의 모양과 위치가 주기적으로 바뀌는 것을 관찰할 수 있다.		
학습자 역량	□ 창의성 ☑ 문제 해결 ☑ 의사소통 ☑ 협업 능력 ☑ 정보 활용 □ 자기주도학습 □ 유연성 □ 기타		
교수 · 학습 도구 및 자료	교사	PC(스텔라리움), 모바일 디바이스, 스마트앱 미션	
	학생	스마트폰(앱명: 달의 위상 스마트앱), 우리나라 지도, 생각 나눔장, 유성 매직	

가. 수업의 준비 단계

단계	내용	수업 활동
전시 학습 상기 및 사전 지식 확인	사전 과제 확인 및 전시 학습 내용 퀴즈 풀이	■ 사전 과제 동영상 시청 확인 – 스마트앱(밴드 등)에 달의 위상 관련 사전 동영상 탑재 ■ 동영상 내용과 전시 학습 내용으로 학습 퀴즈 실시 – 자석보드판을 이용하여 팀별로 정답을 쓰고 제일 먼저 들면 팀점수를 받는다. – 달은 모양에 따라 어떤 이름이 있나요? (초승달, 상현달, 보름달, 하현달, 그믐달)
	Ⓚ 사전 지식 확인	■ 실험 주제와 관련된 사전 지식이나 경험을 각자 적기 – 팀별로 주제와 관련된 경험을 나누고 발표 ■ 모둠별로 돌아가면서 '달의 공전'에 대해 알고 있는 것을 발표한다.

• K차트의 작성

  과학과 교육과정은 각 학기에 4개의 단원으로 구성되어 있다. 단원의 내용을 확인하면 단원별로 1개의 프로젝트로 구성되어 있음을 확인할 수 있다. 그렇기 때문에 과학과 수업은 전시 학습 내용을 이해하지 못하면 본 차시의 실험을 수행하기 어려울 때가 많다. 본 차시도 달의 공전이나 지구의 낮과 밤에 대한 사전 수업 내용을 알지 못하면 위상 변화 실험을 하기 어려울 수 있기 때문에 과학 퀴즈로 수업을 시작한다.

〈 과학 퀴즈와 리액션 〉

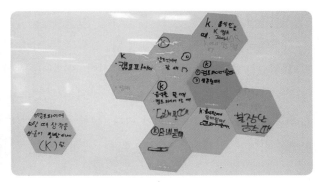

〈 K차트 육각형 사전 경험, 지식 〉

나. 수업의 진행

• W차트의 작성

학생들이 과학실에 들어오면 교과서를 통해 먼저 오늘 실험할 내용들을 확인한다. 그중에서 수업 목표를 정하여
W차트에 기록한다.

단계	내용	수업 활동
학습 목표 확인	교과서의 내용을 참고하여 차시 실험 목표를 세움 Ⓦ 탐구 주제 확인	■ W(Wonder) 여러 날 동안 달의 모양은 어떻게 달라질까? • 학습 안내하기 [활동1] 보름달, 상현달과 하현달을 실험으로 알아보기 [활동2] 달의 모양이 변하는 까닭을 실험으로 설명하기 ■ 교과서를 참고하여 각 모둠별로 실험 주제를 찾는다.

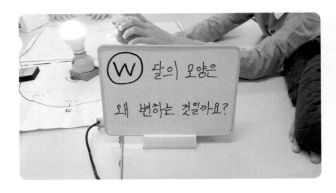

〈 학습 목표를 확인하는 학생들 〉

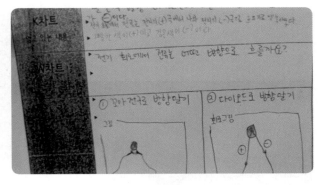

〈 KWeL 과학 노트 정리 〉

• e차트의 작성

e차트에는 실험 준비물, 실험 방법, 실험 결과, 유의점 등을 기록한다. 실험실에 들어오면서부터 실험대 위에 세팅되어 있는 실험 준비물을 만지고 싶어 하던 아이들은 선생님의 실험 허락과 함께 기다리던 실험을 시작한다. (과학동아리의 존재는 무척 중요하다. 아침 8시 30분이 되면 과학실에 실험 준비하려는 동아리 아이들이 있다. 늦게라도 출근하는 날이면 난리가 난다. 실험 준비와 사전 실험은 과학 수업을 쉽게 이끄는 첫걸음이다.) 스마트앱의 미션을 확인한 후 실험을 실행한 후에는 스마트앱의 미션을 해결하고 실험 결과를 업로드한다.

단계	내용	수업 활동
자료 제시 및 관찰	준비된 실험 준비물을 활용하여 실험하기 ⓔ 실험으로 탐구하기	■ E-1(Experiment) 미션! 상현달을 실험으로 알아보기 ● 미션1: 실험으로 상현달을 만들어 사진 찍어 올리기 　◎ E-1(Experiment) 미션1: 상현달 모양 확인하기 ■ 어떻게 실험을 해야 할까요? 　• 상현달을 만들려면 어떻게 실험해야 할까요? 　• 상현달을 만들고 밴드(패들렛)에 사진을 올려봅시다. 　 -㉯ 위치에서는 상현달 모양입니다. 　• 보름달, 하현달도 확인하고 밴드(패들렛)에 사진을 올려봅시다.

미션을 제시하면 교사는 그 뒤 할일이 별로 없다. 아이들은 어떻게든 실험을 하고 미션을 수행하려 하기 때문이다. 물론 보상은 반드시 필요하다. 스마트앱 미션 점수가 높은 모둠에게 좋은 상품을 준다.

단계	내용	수업 활동
자료 제시 및 관찰	실험으로 알게 된 내용을 친구에게 설명하기 ⓔ 실험으로 탐구하기	■ E-2(Experiment) 미션! 달의 모양변화를 실험으로 설명하기 ● 미션2: 달의 모양 변화를 실험으로 설명하기 　◎ E-2(Experiment) 미션2: 달의 모양이 변하는 이유를 실험으로 설명하기 ■ 지구 달 모형을 통해 달의 모양 변화를 설명하기 　㉮, ㉯, ㉰, ㉱ 위치에서 보는 스티로폼 공에 반사된 불빛이 위치마다 다르다. 공의 위치를 변경하여 달의 모양이 변화하는 이유를 설명해 보자.

〈상현달 미션 완성〉

〈E-2 달의 모양 변화 설명 동영상〉

다. 수업의 정리

단계	내용	수업 활동
학습 정리	Keyword를 활용하여 알게 된 내용 정리하고 나누기 🅛 정리하기	■ L(learned) 실험 결과를 통하여 알게 된 사실 발표하기 ● 오늘 실험을 통해 알게 된 사실 정리하기 ◎ E-2(Experiment) 미션2: 달의 모양이 변하는 이유를 실험으로 설명하기 ■ 여러 날 동안 달의 모양이 변하는 까닭을 '태양, 지구, 달의 공전'을 넣어서 L차트에 정리하여 봅시다.

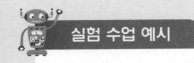

스마트앱으로 별자리 대탐험

1 수업 안내

학년(학기)	6학년 1학기	교수 · 학습 모형	발견학습
단원 및 차시	1. 지구와 달의 운동(6/11)		
학습 주제	• 계절에 따라 별자리가 달라지는 까닭 알기		
학습 목표	• 계절에 따라 보이는 별자리가 달라지는 까닭을 알 수 있다.		
내용 성취기준	• [6과09-02] 계절에 따라 별자리가 달라진다는 것을 지구의 공전으로 설명할 수 있다.		
학습자 역량	☐ 창의성 ☑ 문제 해결 ☑ 의사소통 ☑ 협업 능력 ☑ 정보 활용 ☐ 자기주도학습 ☐ 유연성 ☐ 기타		
교수 · 학습 도구 및 자료	교사	PC(스텔라리움), 모바일 디바이스, 활동지 W1, 2, 3 영상 개발 자료	
	학생	스마트폰(앱명 : 별자리 스카이맵 등)	

가. KWeL 수업 준비하기

단계	내용	수업 활동
사전 지식 확인	Ⓚ 사전 지식 확인	■ 실험 주제와 관련된 사전 지식이나 경험을 각자 적기 – 활동지(W1)를 퀴즈 형식으로 제시하고 별자리 관찰 시 유의점을 토의 ■ 모둠별로 돌아가면서 '계절별 별자리'에 대해 알고 있는 것 발표하기

• K차트의 작성

학습 단계	교수 · 학습 활동	시간 (분)	☐학습 자료 🔊 스마트 도구 ※ 유의점

문제
파악
하기
	• K차트 : 사전 지식 활성화 및 확인
	■ ①에 올린 사전 과제 영상 확인하고 별의 다른 이름과 별자리에 대해 발표하기
	   – 최근에 별을 본 경험 이야기하기
	   – 별자리의 의미 알기
	   – '별자리'란 말이 생기게 된 까닭 알기
	   – 알고 있는 별자리 이름 발표하기
	   – 활동지(W1)를 이용하여 K차트의 힌트를 퀴즈 형식으로
	     제시하기도 함
		5	① 스마트앱(학급밴드) 🔊
			※ 사전 과제 영상은 학급밴드를
			   통해 제시함

나. KWeL 수업 목표 확인하기

• **W 차트의 작성**

학생들이 과학실에 들어오면 교과서를 통해 먼저 오늘 실험할 내용들을 확인하고 W차트에 기록한다.

단계	내용	수업 활동
학습 목표 확인	교과서의 내용을 참고하여 차시 실험 목표를 세움 Ⓦ 탐구 주제 확인	■ W(Wonder) 계절에 따라 보이는 별자리가 달라지는 까닭은 무엇일까? • 학습 안내하기 [활동1] 스텔라리움을 이용하여 별자리 관찰하기 [활동2] 계절에 따라 보이는 별자리가 다른 까닭 탐색하기 [활동3] 계절에 따라 보이는 별자리가 다른 까닭 발견하기

학습 단계	교수 · 학습 활동	시간 (분)	▢ 학습 자료 🔊 스마트 도구 ※ 유의점
학습 문제 확인	• W차트 : 궁금한 점 확인 　계절에 따라 보이는 별자리가 달라지는 까닭은 무엇일까? • 학습 안내하기 [활동1] 스텔라리움을 이용하여 별자리 관찰하기 [활동2] 계절에 따라 보이는 별자리가 다른 까닭 탐색하기 [활동3] 계절에 따라 보이는 별자리가 다른 까닭 발견하기	5	

다. KWeL 수업의 실험 및 탐구하기

• **e차트의 작성**

실험 준비와 사전 실험은 과학 수업을 쉽게 이끄는 첫걸음이다. 학생들은 스마트앱의 미션을 확인하면서 실험을 시작한다.

단계	내용	수업 활동
자료 제시 및 관찰	실험 준비물을 활용하여 실험하기 ⓔ 탐구 주제 확인	■ E(Experiment) 미션! 별자리 관찰 및 역할극하기 • 미션1: 스텔라리움을 이용하여 별자리 관찰하기 • 미션2: 지구되기 역할놀이 하기

학습 단계	교수 · 학습 활동	시간 (분)	▢ 학습 자료 🔊 스마트 도구 ※ 유의점

자료
제시
및
관찰
하기
	• [활동1] 스텔라리움을 이용하여 별자리 관찰하기
	
	■ 스텔라리움을 통해 계절별 별자리 관찰하기
	  – 스텔라리움을 통해 각 계절의 별자리 관찰하기
	  – '대표 별자리'의 의미 알기
	  – 스텔라리움을 통해 봄, 여름, 가을, 겨울의 대표 별자리 찾기
	  – 영상에서 소개되는 스마트앱(스텔라리움, 스카이맵 등)을 활
	    용하여 직접 조작하면서 계절별 대표 별자리를 찾을 수 있다.
	  – **3**에 기록하기
	    ▶ 봄 : 목동자리, 처녀자리, 사자자리
	    ▶ 여름 : 백조자리, 거문고자리, 독수리자리
	    ▶ 가을 : 안드로메다자리, 페가수스자리, 물고기자리
	    ▶ 겨울 : 쌍둥이자리, 큰개자리, 오리온자리
	  – 조사 내용 모둠원과 비교하기
	
	■ 계절에 따른 대표 별자리 정리하여 **4**에 붙이기
	  – 전체 발표하여 공유하기
		10	**2** 스텔라리움(개별, 전체) 🔊
			※ 관찰 날짜와 기준을 정해줌
			
			3 W2 활동지
			
			4 우드락

탐색
하기
	• [활동2] 계절에 따라 보이는 별자리가 다른 까닭 탐색하기
	
	■ 계절에 따라 별자리가 다른 까닭에 대해 탐색하기
	  – 스스로 사고하기
	
	■ 각자의 생각을 **5**에 적고 모둠별 토의하기
	  – 각자의 의견을 생각 나눔장에 적고 스마트앱으로 공유하기
	  – 경청하며 자신의 생각 수정하기
	
	■ 모둠 의견 정리하여 발표하기
	  – 모둠 의견 정리하기
	  – 모둠 의견 발표하여 전체 공유하기
		8	**5** 생각 나눔장, 유성 매직
			※ 친구 의견과 생각에 공감,
			   질문하기 등을 하며 상호작용함
			※ 경청하며 자신의 의견 수정함

발견
하기
	• [활동3] 지구되어 별자리 확인 역할놀이 하기
	
	■ 지구되어 별자리 확인 역할놀이 방법에 대해 안내하기
	  – 역할 놀이 방법 안내하기
	  – 모둠별 역할놀이 하기
	
	〈역할놀이 방법〉
	① 모둠별 역할을 정한다.
	② 태양을 기준으로 봄, 여름, 가을, 겨울의 위치에 대표하는 별
	  자리를 들고 선다.
	③ 지구 역할 친구는 태양을 등지고 공전하며 각 계절별 위치에서
	  잘 보이는 별자리를 말한다.
	④ 돌아가며 역할을 바꾼 후 ③번을 반복한다.
		10	※ 계절의 위치는 정해주며, 별자리
			  의 역할을 맡은 사람은 움직이지
			  않도록 함

학습 단계	교수 · 학습 활동	시간 (분)	□ 학습 자료 🔊 스마트 도구 ※ 유의점
발견 하기	■ 태양을 등지고 서는 이유 알기 　– 밤에 별자리가 보이는 이유 알기 　– 낮에 별자리가 보이지 않는 이유 알기 ■ 계절에 따라 보이는 별자리가 달라지는 까닭 알기 　– 역할놀이를 통해 발견한 사실 모둠원끼리 공유하기 　– 계절에 따라 보이는 별자리가 달라지는 까닭 **5**에 적기 　– 발표하여 전체 공유하기		**5** 생각 나눔장, 유성 매직

라. KWeL 수업의 정리

• L차트의 작성

단계	내용	수업 활동
학습 정리	Keyword를 활용하여 알게 된 내용 정리하고 나누기 Ⓛ 정리하기	■ L(learned) 실험 결과를 통하여 알게 된 사실 발표하기 • 오늘 실험을 통해 알게 된 사실 정리하기 ◎ 미션3: 계절마다 별자리가 바뀌는 이유를 역할극 실험으로 설명하기 　'계절에 따라 대표하는 별자리가 달라지는 이유를 동생에게 설명해준다 　면?' 영상 자료를 활용하여 설명하기 활동을 할 수 있다. ○ 계절마다 별자리가 바뀌는 까닭을 '태양, 지구의 공전'을 넣어서 L차트에 　정리하여 봅시다.

KWeL 과학 수업에 유용한 TIP

　과학 수업의 고민 중 한 가지는 수업 활동에 소극적인 모둠 내 방관자 학생이다. 초등학교의 과학실은 대부분 모둠 실험대로 배치되어 있어서 모둠 실험 수업을 기본으로 하게 되어 있다. 어느 수업이든 실험 활동이나 토론 활동에서 리더의 특성을 보이는 학생이 있는가 하면, 반드시 한 걸음 뒤로 물러나 방관자의 태도를 취하는 학생이 있다. 과학 수업도 마찬가지인데, 이때 모둠별 생각 나눔장을 활용하면 방관자 학생도 쉽게 수업에 참여할 수 있는 분위기를 만들 수 있다. 학생들은 수업 시작 부분에 각자의 색깔을 선택하여 생각 나눔장 가장자리에 자신의 이름을 적는다. K차트부터 L차트까지 보고서를 적으면서 자신의 색깔이 드러나도록 해야 한다. 결과 보고서에 다양한 색깔이 있지 않으면 수업에 소극적으로 참여한 것으로 모둠에 불이익 점수를 줄 수 있다.

　방관자 학생을 줄이는 방법으로 과학 노트를 사용할 수도 있다. KWeL 순서에 맞게 과학 노트를 정리하여 수업이 끝나면 노트에 교사의 도장을 받도록 하면 된다. 4교시에 과학실 수업이 있는 반 학생들은 점심 식사에 늦지 않으려고 더 집중하여 열심히 노트를 적거나 생각 나눔장을 작성하게 된다.

〈 모둠별 생각 나눔장 작성 방법 〉

　① 각자의 색깔을 선택하여 생각 나눔장 가장자리에 자신의 이름을 적는다.
　② 서로 탐색한 결과를 주고받는다.
　③ 공감 ♡, 질문하기 ? 등을 하며 상호작용한다.

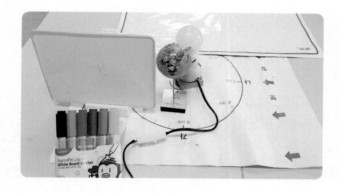

〈KWeL 과학 수업 준비물(색깔 펜과 생각 모둠장, 퀴즈판, 실험기구 등)〉

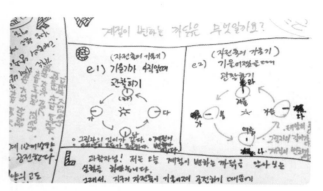

〈 모둠별 화이트보드에 작성한 생각 나눔장 〉

사랑하는 제자들의 반응

'학생들이 과학자로서 무언가를 고민하고 스스로 탐구하여 발견하며 즐거워하는 수업!'

이런 과학 수업이 우리 교실에서 이루어질 수는 없을까? 이런 고민으로 출발해서 8년간 KWeL 과학 수업을 진행했다. 어떤 학생은 '선생님 수업은 신세계예요!'라고 하기도 하고, 어떤 학생은 매일 실험을 하니 너무 재미있다며 과학동아리에 지원하기도 하였다. 특히 과학동아리 학생들은 졸업 후에도 매년 중학교 중간고사나 기말고사가 있는 날이면 꼭 초등학교를 찾아오기도 한다. 물론, 과학 노트 쓰기가 어려워 지겨워하는 학생도 있었지만….

'수석 선생님! 오늘 수업 잘 보았습니다.'

'역시 아이들이 엄청 재미있어하고 선생님을 좋아하는 이유가 있네요.'

'우리 반에서 수업할 때와 아이들이 참 다른 것 같아요. 과학 공책 정리도 엄청 잘하네요!'

— 수업 참관 선생님들—

수석 교사 수업 공개가 끝나고 참관한 선생님들이 돌아가면서 해준 말들이다.

과학 수업은 실험을 많이 해서 너무 좋아요. 아침 8시 30분에 선생님과 사전 실험을 하면서 친구들과 이야기하고 노는 시간이 저에게는 특별한 시간이었어요. 전에는 이렇게 과학 수업 시간에 실험을 많이 해보지 못했거든요.

KWeL로 매일 노트를 쓰면서 선생님께 검사 받기도 하고(사실 매시간 노트 쓰는 것이 힘들긴 했어요. ㅎㅎ*^^) 우리 팀이 팀별 대항에서 최종 우승해서 선물을 받기도 했어요.

과학 선생님, 감사합니다.

—이레나—

'선생님, 과학동아리 오늘 몇 시예요?'

우리 학교에서 과학동아리가 최고 인기예요. 드론도 함께 코딩해서 날려보고, 메타버스로 친구들과 사이버상에서 과학 퀴즈대회에 참가하기도 해요.

너무 재미있어서 내년에 6학년이 되면 다시 꼭 신청할 거예요.

—한도진—

Chapter 02

현미경으로 보는 재미있는 과학

현미경으로 보는 재미있는 과학

실체 현미경과의 첫 만남

내가 현미경을 처음 만난 때는 초등학교 5학년 때로 기억한다. 장학사 두 분이 창가에 현미경을 설치하고 머리카락을 재물대 위에 올려놓은 후 학생들이 돌아가면서 보게 하셨다. 현미경으로 머리카락을 본 것은 어렴풋이 기억나지만 현미경을 통해 머리카락이 확대된 모습은 기억나지 않는다.

그러다가 1980년대 중반 대구교육대학교 과학과에 입학하게 되었다. 1학년은 주로 교양 과목이라 이론적인 면을 배우면서 그럭저럭 보냈다. 2학년 때 지도 교수님께서 졸업 논문을 어떤 주제로 쓸지 고민거리를 던져 주셨지만, 주제를 정하지 못하고 막연하게 시간만 계속 흘러갔다. 그러던 어느 날 평상시 작은 생물에 관심이 많던 내게 교수님께서 모기 유충이 계절이 변하면서 지역에 따라 어떤 종류가 나타나는지 연구해 볼 것을 제안하셨다. 대구 지역을 동서남북 4개 권역으로 나누고 각 권역마다 구경이 일정한 스포이트로 30분 동안 채집한 모기 유충의 종을 분류하는 내용이었다.

〈올림푸스 SZ3 실체 현미경〉

그때 사용했던 현미경이 바로 올림푸스에서 제조한 SZ3 실체 현미경이다. 실체 현미경은 광원 장치나 반사경이 재물대 아래에 있는 생물 현미경과는 달리, 광원 장치가 재물대 위에 있어서 물체의 표면에서 반사한 빛이 렌즈를 통과할 수 있는 형태로 만들어져 있다. 즉 실체 현미경은 물체를 통과한 빛이 아니라 물체 표면에서 반사된 빛이 렌즈를 지나면서 굴절되는 것이다. 실체 현미경은 왼쪽과 오른쪽, 두 개의 렌즈로 구성되어 있어 입체감 있게 볼 수 있기 때문에 미세한 물품을 조립하거나 주로 동물을 해부할 때 사용하는 현미경이다. 맨눈으로 어렴풋이 보였던 모기 유충을 실체 현미경을 통해 머리, 가슴, 배, 호흡관, 털 한 가닥까지 또렷하게 볼 수 있었던 그때의 생생한 느낌은 아직도 잊을 수 없다.

만나서 반갑다, 광학 현미경!

광학 현미경은 주로 생물학 분야에 사용되는 현미경으로 물체를 통과한 빛이 두 개의 렌즈를 지나면서 굴절되어 물체의 모습이 확대되어 보이는 구조를 가지고 있다. 우리가 실험실에서 주로 사용하는 광학 현미경은 접안렌즈, 대물렌즈, 경통, 재물대, 조동나사, 미동나사, 조리개, 광원 장치로 구성되어 있다.

보통 현미경은 클립으로 현미경 표본을 고정하여 관찰하지만 Mechanical stage는 슬라이드를 고정하여 자유롭게 상하좌우 조절이 가능하므로 관찰이 편리하며, 현미경으로 마이크로미터 길이를 측정할 때 필수적인 기계적 장치라 할 수 있다.

〈Mechanical stage〉

⚛ 광학 현미경으로 닭의장풀 표피를 관찰하다

1) 닭의장풀 잎의 뒷면이나 앞면 표피를 5㎜×5㎜ 크기 정도로 벗겨 핀셋으로 받침유리 위에 올려놓고 물을 한 방울 떨어뜨린 후 커버글라스를 비스듬히 덮는다.

2) 현미경 표본 한쪽 가장자리에 아세트산카민 용액을 떨어뜨리고 반대편에 거름종이를 대면 물과 염색액이 빨려 들어오면서 염색이 된다.

3) 염색한 현미경 표본을 현미경으로 관찰한다.

4) 스케치를 한 경우 반드시 「접안렌즈 배율×대물렌즈의 배율=종합 배율」로 표시한다.

　예) 10(접안렌즈의 배율)×40(대물렌즈의 배율)=400×(종합 배율)

5) 고배율로 관찰할 때 상이 어둡게 보이는 까닭은 고배율일수록 대물렌즈의 구경이 작아 저배율보다 받아들일 수 있는 빛의 양이 적기 때문이다. 이때 조리개를 열거나 빛의 밝기를 밝게 해서 관찰하면 선명한 상을 볼 수 있다.

〈닭의장풀〉

〈닭의장풀 뒷면 세포(400배)〉

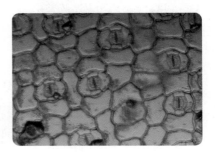

〈닭의장풀 뒷면 세포(100배)〉

⚛ 광학 현미경으로 구강상피 세포와 만나다

2015개정 교육과정은 현미경을 사용하여 세포를 관찰하고 생물이 세포로 이루어져 있음을 알아보는 기기로 광학 현미경을 사용한다. 이전 교육과정에서는 식물 세포의 구조와 기능에 대해 간단히 다루었지만, 2015개정 교육과정에서는 식물 세포와 동물 세포를 비교하는 영역까지 확대되었다. 식물 세포는 세포벽, 세포막, 핵, 세포질로 이루어져 있고, 동물 세포도 세포막, 핵, 세포질 등으로 이루어져 있어 식물 세포의 세포벽과 세포질이 하는 역할이 추가되었다.

한편 2015개정 교육과정에서는 영구 표본 대신 현미경 표본을 직접 만들어 관찰할 수 있는 팁으로 양파의 현미경 표본을 제작하는 방법이 자세히 기술되어 있지만, 동물 세포로 현미경 표본을 제작하는 방법은 없다. 이에 구강상피를 사용하여 현미경 표본을 만드는 방법을 소개하면 다음과 같다.

1) 준비물로 면봉(요구르트 숟가락도 가능), 받침유리, 덮개유리, 플라스틱 스포이트, 메틸렌블루 용액, 거름종이를 준비한다.
2) 물에 적신 면봉으로 볼의 안쪽을 살살 긁어 받침유리 위에 문지른다.
3) 면봉을 문지른 부분에 메틸렌블루 용액을 한두 방울 떨어뜨리고 커버글라스를 덮는다.
4) 밖으로 빠져나온 염색액을 거름종이로 제거한다.
5) 염색한 현미경 표본을 현미경으로 관찰한다.
6) 스케치를 하고 나서 반드시 「접안렌즈 배율×대물렌즈의 배율=종합 배율」로 표시한다.

〈구강상피 세포 채취〉

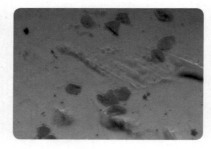
〈구강상피 세포 (100배)〉

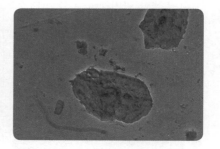
〈구강상피 세포 (400배)〉

✿ 매니큐어를 사용하여 표피 세포를 관찰하다

베고니아, 사철나무, 생장을 멈춘 대부분의 잎은 표피가 잘 벗겨지지 않는다. 이런 경우 투명한 매니큐어를 사용하면 표피를 쉽게 관찰할 수 있다. 관찰 방법은 다음과 같다.

1) 관찰하고자 하는 잎의 부위(기공을 관찰할 때는 주로 뒷면)에 투명한 매니큐어를 얇게 바른다.
2) 매니큐어가 마르면 스카치테이프를 매니큐어 위에 살짝 눌렀다가 떼어낸다.
3) 떼어낸 스카치테이프를 받침유리에 붙여 현미경 표본을 만들어 관찰한다.
4) 관찰된 내용을 그림으로 그리고 명칭, 특징 및 배율을 기록한다.

〈베고니아 뒷면과 앞면〉

〈베고니아 뒷면에 스카치테이프 붙이기〉

〈스카치테이프를 떼어 표본 만들기〉

〈베고니아 잎의 뒷면 표피 세포 (100배)〉

〈베고니아 잎의 앞면 표피 세포 (100배)〉

✿ 이렇게 하면 자신 있어요!

1) 현미경 사용 전에 현미경 및 현미경 영상장치 사용법을 충분히 익힌 후 실험한다.

2) 살아 움직이는 생물(물벼룩, 짚신벌레 등)을 관찰할 때 오목한 받침유리를 사용하면 쉽게 관찰할 수 있다.

3) 시야에 이물질이 보일 때

　가) 접안렌즈를 돌렸을 때 그 이물질이 묻어 돌아가면 접안렌즈에 묻은 이물질 때문이다.

　나) 현미경 표본을 움직여 보았을 때 그 이물질이 따라서 움직이면 현미경 표본에 묻은 이물질 때문이다.

　다) 접안렌즈나 현미경 표본을 움직여도 이물질이 움직이지 않으면 그것은 대물렌즈에 묻은 이물질 때문이다.

4) 광학 현미경으로 표본을 관찰할 때는 재료를 최대한 얇게 만들어야 한다.

5) 대물렌즈 4×는 기계대를 위쪽으로 최대한 올려도 렌즈가 표본에 닿지 않도록 설계되어 있다.

6) 대물렌즈 4×로 관찰한 다음 10배로 돌려 관찰할 때 양손에 힘을 빼고 살며시 상·하로 조금씩 조정하면 영상이 나타난다. 이때 한 손으로 미동장치를 조작하면 선명한 영상을 얻을 수 있다. 만약 시야가 어두우면 조리개를 적당히 열어 관찰한다.

7) 대물렌즈 40×로 관찰할 때는 조동나사는 조정하지 말고, 회전판을 40배로 돌려 미동장치로만 상·하로 조정하면 상이 나타난다. 이때 상이 어두우면 집광기로 광원을 적당히 조절하여 관찰한다.

8) 같은 잎이라도 잎의 앞면과 뒷면의 위치에 따라 세포의 모양이 다르다는 것을 확인할 수 있다.

9) 베고니아는 잎의 앞면에 큐티클층이 다른 식물에 비해 두껍게 분포하고 있기 때문에 잎의 뒷면에 기공이 많이 분포한다.

드디어 위상차 현미경을 만나다

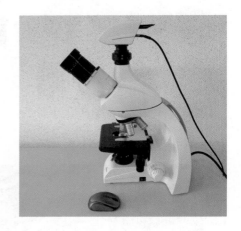

〈DM750 정립위상차 현미경〉

몇 년 전에 여름 방학을 마치고 등교한 학생들에게 방학 중 가장 기억에 남는 활동이 무엇이었는지 물어보았다. 평상시에도 과학에 관심과 흥미가 많았던 한 학생은 과학관에서 자신의 치태와 설태를 채집해서 현미경 표본을 만들어 위상차 현미경으로 세균을 관찰한 것이라고 대답했다. 작은 생물과학자의 탄생이었다.

초등학교 교육 내용 중에 세균으로 인해 일어나는 여러 가지 현상을 통해 세균이 우리 생활에 많은 영향을 미치고 있다는 것을 지도하도록 되어 있다. 하지만 대부분의 초등학교에 세균 관찰용 현미경이 없는 실정이다. 빠른 시일 내에 세균을 관찰할 수 있었으면 하고 바라던 차에, 2021년 경상북도 청도군 △△초등학교로 이동하게 되었다. 다행히 평소 학생들의 과학적 사고력과 탐구 능력 향상에 특별히 관심이 많았던 관리자가 여러 교사들의 고충을 듣고 그동안 사용해 보고 싶었던 위상차 현미경(DM750 정립위상차 현미경+카메라) 구입을 도와주었다.

2015개정 초등학교 과학과 교육과정에서 세균을 다루는 단원은 5학년 1학기 '5. 다양한 생물과 우리 생활' 단원과 5학년 2학기 '5. 산과 염기' 단원으로 각각 한두 시간 지도하도록 되어 있다.

특히 '다양한 생물과 우리 생활' 단원에서는 세균이 사는 곳의 특징을 조사하여 설명하도록 구성되어 있지만, 세균은 관찰하기 어렵기 때문에 사진이나 동영상 등 대체 자료를 활용하여 관찰하는 것에 그치고 있다. 그러나 세균 관찰용 현미경만 갖추어지면 치태나 설태를 이용하여 쉽게 학생들도 세균을 관찰할 수 있다. 특히 코로나 시기인 지금 학교 현장에 꼭 필요한 기구가 세균 관찰용 현미경이라고 생각한다. 매년 컴퓨터나 태블릿 PC를 구입할 것이 아니라 학생 스스로 조작하고 다양한 탐구 과정을 체험할 수 있는 첨단 기기를 제공해줌으로써 학생들로 하여금 과학적 탐구 능력과 사고력을 기를 수 있는 교육으로의 전환이 필요하다.

⚛ 치태를 시료로 구강 세균 확인하기

1) 실험하기 10여 분 전에 요구르트를 마신다(세균들은 입안의 산성 환경에서 활발히 움직이기 때문).
2) 받침유리, 덮개유리, 나무면봉(반영구재료 마이크로 이쑤시개)을 준비한다.
3) 치태가 많은 부위에서 소량의 치태를 채취하여 받침유리 위에 올려놓는다(적은 양으로도 많은 세균이 있다는 것을 강조하기 위함).
4) 채취한 치태에 타액이나 물을 1~2방울 떨어뜨린 후 얇게 편다.
5) 덮개유리를 덮어 현미경 표본을 만든다.
6) 위상차 링을 배율에 맞게 조절한 후 조동나사와 미동나사로 초점을 맞추어 관찰한다.

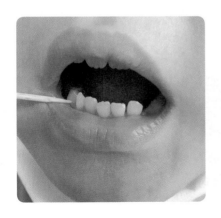

〈 치아 사이 치태 채취하기 〉

〈 위상차 현미경으로
구강 세균 관찰, 400배 〉

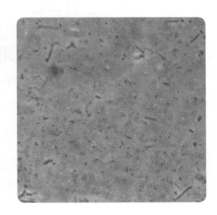

〈 위상차 현미경으로 관찰한
구강 세균(400배) 〉

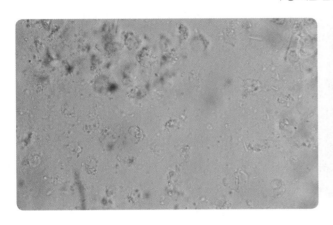

〈 광학 현미경으로 관찰한 구강 세균(400배) 〉

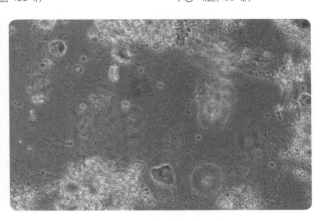

〈 위상차 현미경으로 관찰한 구강 세균(100배) 〉

✿ 이렇게 하면 자신 있어요!

1) 세균은 일반적으로 크기가 작고 투명한 형태를 취하는 것이 많기 때문에는 광학 현미경으로는 뚜렷하게 상을 관찰할 수 없다.

2) 위상차 현미경을 사용하면 100배에서도 세균을 관찰할 수 있지만 자세히 보는 데는 한계가 있다. 그렇지만 너무 작아서 볼 수 없는 것이 아니라 세균의 생김새가 투명하기 때문에 잘 보이지 않는다는 것이 타당하다고 본다. 일반적으로 현미경은 100배를 기준으로 그 이하는 저배율, 그 초과는 고배율로 부르기 때문이다.

광합성 결과물 연구 실험, 실패에서 성공까지의 기록들

실패를 거듭한 봉숭아 잎 실험

2007개정 교육과정이 적용되던 시기였다. 그 당시 광합성 결과를 알아보는 실험 재료로는 봉숭아 잎을 사용했다. 먼저 실험 준비를 위해 수업 2~3일 전에 봉숭아 잎을 은박지로 일부분만 씌운 후 실험 당일 아침에 봉숭아 잎을 따 중탕 처리를 해서 엽록소를 제거했다. 봉숭아 잎의 엽록소가 빠져나온 물은 이른 봄 신록의 빛처럼 연한 녹색을 띠었다. 단지 잎 몇 장만 넣어 끓였는데 저렇게 색소가 빠지다니 학생들도 신기한 눈빛으로 바라보며 놀란 표정이었다. 충분히 엽록소가 빠진 후 잎을 핀셋으로 꺼내어 미지근한 물로 씻은 다음, 유리판 위에 봉숭아 잎을 올려놓고 요오드 용액(현재는 아이오딘-아이오딘화칼륨 용액)을 떨어뜨린 후 색깔이 변하기를 기다렸다. 하지만 아주 드물게 청람색으로 색깔이 변하는 것도 있었지만 열 번의 시도 중 7~8번은 원하는 결과가 나오지 않았다. 그 당시 은박지를 씌우는 이유는 알았지만 왜 꼭 봉숭아 잎으로만 실험해야 하는지 생각할 겨를이 없었다. 지금 생각하니 부끄럽기 짝이 없다는 생각이 든다.

2010년, ○○교육지원청 초등과학과 실험연수 강사를 할 때에도, 내가 강의해야 할 내용에 '봉선화를 실험 재료로 광합성 결과물을 알아보는 실험'이 포함되어 있었다. 걱정도 되었지만 지도하는 시기가 한여름이고 사전 실험을 철저히 한 후 실험하면 원하는 결과가 나오리라고 기대하며, 실험에 쓰일 봉숭아 잎을 준비했다. 학교 화단에 심어진 봉숭아 잎에 은박지를 씌운 후 바람에 은박지가 날아가지 못하게 클립으로 고정했는데, 조금의 빛도 허락하지 않으려고 클립 2개로 고정시켜 둘 정도였다. 축 늘어진 잎을 보니 안쓰러운 생각도 들었지만, 원하는 실험 결과가 나오기만을 기대하며 다른 생각은 접어 두기로 했다.

실험 당일 설렘 반 두려움 반으로 준비해온 PPT로 연수생들과 실험 방법 및 유의점을 확인한 후 실험에 들어갔다. 실험은 순서대로 순조롭게 진행되는 듯했다. 드디어 광합성 산출물을 확인하는 순간, 기대가 크면 실망도 크다고 이번에는 6모둠 중 한 모둠도 원하는 결과가 나오지 않았다.

또 다른 실패, 고추 모종을 사용한 실험

2009개정 교육과정이 도입된 2015년 2월 말 5학년 과학 교과서를 처음 만났다. 이것저것 생각할 겨를도 없이 나의 관심은 오로지 '식물의 구조와 기능' 단원뿐이었다. 교과서를 펼치는 순간 신선한 충격이랄까? 그동안 고민했던 봉선화가 고추 모종으로 바뀌고 관찰 방법도 크게 바뀌었다. 이전에는 하나의 잎에 은박지로 빛을 받는 부분과 받지 못한 부분을 인위적으로 구분한 후 실험 재료로 사용하던 봉선화 대신, 고추 모종 전체를 어둠상자로 덮어 완전히 빛을 차단하는 방법으로 변경되었다. '아, 나는 왜 저런 생각을 하지 못했을까?' 과학은 사랑했으나 숲은 보지 못하고 나무 하나하나에만 신경을 쓰고 가르쳤다는 생각이 들었다.

그해 6월 중순, 5학년에 2009개정 교육과정이 적용되고 처음 광합성 결과를 확인하는 순간이었다. 이전에 문제점으로 거론되었던 실험 방법을 보완하고 과학과 교과서 집필기준, 즉 학생들이 실험 결과를 보고 성공감, 성취감, 탐구 능력을 성취할 수 있을 것이라는 다소 설레는 마음으로 고추 모종 구입 물품 신청서를 행정실로 보냈다. 다음 날 행정실에서 온 답변을 나는 7년이 지난 지금도 생생하게 기억하고 있다.

"지금은 시기가 6월 중순이라 고추 모종을 구할 수 없어요."라는 답변이었다.

또 한 번 실망하는 순간이었다. 우여곡절 끝에 고추 모종 대신 학교 사택에서 키우던 고추나무를 두 그루 얻어 쓰기로 했다. 고추나무의 상태는 외관상 보기에도 싱싱하지 못한 상태였다. 잎이 축 늘어져 있어 몇 시간만 지나면 시들어 죽을 것만 같았다. 이것저것 생각할 겨를 없이 물을 채운 수조에 고추나무를 뿌리채 한 그루씩 넣었더니 얼마 지나지 않아 언제 그랬느냐는 듯이 잎에 생기가 돌았다. 식물체에서 물의 필요성과 생존 본능을 느끼는 순간이었다. 한 그루는 햇빛이 비치는 창가에 두고, 한 그루는 워낙 커서 어둠상자 대신 큰 종이박스로 덮어 날짜와 시각을 기록한 뒤 창가에 나란히 두었다.

드디어 광합성 결과 생성된 물질을 확인하는 실험 당일!

빛을 받은 잎은 잎자루를 그대로 두고, 빛을 받지 못한 잎은 잎자루를 제거한 뒤 에탄올에 넣어 중탕하여 엽록소를 제거했다. 그때까지는 모든 활동이 순조롭게 진행되는 듯했다. 하지만 엽록소를 제거한 잎을 꺼내는 순간, 쫙 펴져야 할 잎이 축 늘어져 휴지처럼 둘둘 말리는 것이었다. 고춧잎 원래의 형태로 만들기 위해 핀셋으로 이리저리 당기니 결국 찢어져버려서 교실 이곳저곳에서 아이들이 계속해서 선생님을 불러댔다. 그래도 다행히 한두 모둠은 고춧잎 원래의 형태와 비슷하게 펴진 것 같았다. 아이오딘-아이오딘화칼륨 용액을 떨어뜨린 후 1~2분이 지나자 빛을 받은 잎과 받지 못한 잎의 색깔에 차이가 나기 시작했다. 이번에는 드디어 성취기준과 학습 목표에 도달하는가 싶었는데, 아니나 다를까 10여 분 후 한 학생이 손을 들고 말했다.

"선생님, 빛을 받지 않은 고춧잎도 청람색으로 변했어요."

빛을 받은 잎과 받지 못한 고춧잎의 색깔이 처음에는 차이가 났지만, 시간이 지나면서 둘 다 청람색을 띠는 것이었다. 나만의 문제인가, 실험 과정의 문제인가? 이런저런 생각 끝에 광합성은 나와는 인연이 아닌 것 같다는 생각이 들기까지 했다.

✿ 닭의장풀을 사용해 드디어 성공하다

2015개정 교육과정이 적용된 2017년, 광합성 실험의 재료와 지도 방법에는 여전히 차이가 없었다. 변한 것이 있다면 화재를 예방하기 위한 방법이 추가되었다. 알코올 램프로 직접 가열하여 엽록소를 제거하던 방법 대신, 큰 비커에 더운물을 넣어 작은 비커 속 에탄올을 끓이는 방법으로 변경된 것이다. 알코올 램프로 직접 끓이면 에탄올의 유증기에 불이 붙어 큰 사고가 나는 경우가 종종 있었기 때문에 이 방법은 큰 진보라 여겨진다. 그렇지만 광합성 결과는 2009개정 교육과정의 결과와 차이가 없었다.

그러던 어느 해 또다시 ○○교육청 과학원의 여름 과학실험연수 강사로 참여하게 되었다. 이번에도 나에게 늘 아픈 손가락처럼 여겨지던 광합성 단원을 또 맡게 되었다. 그때는 여름 방학 시기라 고추 모종을 실험 재료로 사용한다는 건 불가능했다. 고추 모종 자체를 구할 수 없었기 때문이다. 그래서 고민 끝에 학교 주변에서 쉽게 구할 수 있고 오랫동안 생장하는 식물을 대상으로 이것저것 실험 재료로 사용하던 중, 무릎을 탁 칠 만한 재료를 찾게 되었다. 바로 암술과 수술의 모양이 닭벼슬처럼 생겼다고 해서 이름 붙여진 '닭의장풀'이었다. 닭의장풀이야말로 그동안 고민해오던 광합성 결과물을 확인할 수 있는 최선의 재료라는 생각이 들었다. 만약 광합성 결과물 중 녹말을 확인하는 과정을 알아보고자 할 때 실험 재료로 닭의장풀을 선택한다면 절대 후회하지 않을 것이라고 확신한다.

✿ 닭의장풀로 광합성 결과물을 확인하다

1) 크기가 비슷한 닭의장풀 모종 두 개를 화분에 심어 빛이 잘 드는 곳에 2~3일 둔다.
2) 닭의장풀 모종 한 개는 어둠상자를 씌우고, 다른 모종 한 개는 씌우지 않은 채 2~3일 동안 창가에 둔다.
3) 각각의 잎을 딴 후 어둠상자를 씌운 잎과 씌우지 않은 잎을 잘 구분해 둔다. 닭의장풀은 잎자루가 없기 때문에 어느 한쪽 잎의 일부분을 가위로 잘라 실험 재료로 활용하면 편리하다.
4) 큰 비커에 뜨거운 물을 넣고, 작은 비커에는 에탄올을 넣은 후 닭의장풀 잎을 넣는다.
5) 닭의장풀이 든 작은 비커를 뜨거운 물이 든 큰 비커에 넣은 후 유리판으로 덮는다.
6) 엽록소가 제거된 잎을 작은 비커에서 꺼내어 미지근한 물로 헹군 뒤 페트리 접시에 놓고 아이오딘-아이오딘화 칼륨 용액을 떨어뜨려 색깔 변화를 관찰한다.

〈 크기가 비슷한 닭의장풀 〉　　　〈 어둠상자를 씌운 모종과　　　〈 햇빛을 받은 잎과 받지 않은 잎의
　　　　　　　　　　　　　　　　　씌우지 않은 모종 〉　　　　　　　광합성 결과 차이 〉

 Tips

1) 현행 교과서에서는 고춧잎이나 봉숭아 잎을 권하지만 큐티클층이 덜 발달된 잎일수록 엽록소가 잘 제거되기 때문에 학교 주변에서도 쉽게 구할 수 있는 닭의장풀 잎을 사용하면 결과를 더 뚜렷하게 볼 수 있다.

2) 작은 비커의 알코올 양이 지나치게 많으면 뜨거운 물이 든 큰 비커에 넣었을 때 알코올의 온도가 빨리 오르지 않아 엽록소가 제거되는 데 시간이 걸릴 수 있으므로 큰 비커에 뜨거운 물을 조금 더 넣어서 알코올의 온도를 올려준다. 알코올의 온도를 올리기 위해 직접 가열하면 알코올에 불이 붙어 화재가 날 수 있으므로 직접 가열하지 않도록 주의한다.

적색 2호, 청색 1호 식용색소를 이용한 물관 관찰 실험

물속에 사는 식물은 일반적으로 물의 의해 지지되기 때문에 몸을 지지해주는 조직이 발달할 필요가 없다. 또 모든 부분이 물에 직접 노출되어 있기 때문에 필요한 영양소를 물에서 얻을 수 있도록 진화해왔다.

그러나 물속에 사는 생물과 달리 대부분의 육상 식물은 스스로 자신의 몸을 지지해야 하기 때문에 무수히 많은 세포벽이 발달했다. 미국 캘리포니아 레드우드 국립공원에 있는 아메리카 삼나무 'Hyperion'이 높이 115.72m까지 자랄 수 있는 까닭도 세포벽이 있기 때문이다. 또한 필요한 영양소를 공기, 토양, 햇빛에서 얻을 수밖에 없기에 뿌리, 줄기, 잎의 영양기관이 물속에 사는 식물보다 더 진화해왔다고 볼 수 있다.

초등학교에서 줄기의 역할 중 물의 통로에 대한 지도 방법 및 내용은 다음과 같이 제시되어 있다.
① 백합을 재료로 수업 하루 전(최소 4시간 전)에 붉은 식용색소를 탄 물에 백합 줄기를 넣어 둔다. 붉은색이 아닌 다른 색도 사용 가능하다.
② 백합 줄기를 색소 물에 넣을 때 줄기 끝을 가위나 칼로 자르고 이 과정을 학생들과 공유해서 백합 줄기의 물관이 원래부터 붉은색이 아님을 알게 한다.
③ 그림물감은 염색이 잘되지 않으므로 사용하지 않는다.
④ 날이 한쪽만 있는 면도칼이나 칼을 사용한다.

그러나 교과서뿐만 아니라 교사용 지도서에도 꽃을 포함한 줄기의 길이, 자르는 방법, 식용색소의 종류에 대한 지도 방법이 없어, 교실 현장에 혼란을 줄 수 있기에 구체적인 지도 방법이 꼭 필요한 실정이다.

만약 실험 과정에서 색소를 넣은 집기병에 잎을 완전히 제거한 줄기를 넣는 경우 성취기준과 학습 목표를 다시 주지시킬 필요가 있다. 즉, 뿌리에서 흡수한 물이 줄기를 지나 식물체 전체로 이동하는 것을 확인하는 것이 학습 목표이므로, 반드시 꽃과 잎을 동시에 관찰할 수 있도록 지도해야만 한다.

한편 6학년 1학기 과학 교과서 79쪽 삼각플라스크 속 백합 줄기의 단면이 비스듬히 잘려 있는 것을 볼 수 있는데, 왜 이렇게 잘랐는지, 어디에서 어떻게 줄기를 잘라야 하는지에 대한 구체적인 지도 방법이 없어 학생들 앞에서 자신 있게 수업하는 데 어려움이 많았다. 그러다 우연히 그 해답을 꽃꽂이 강의에서 찾을 수 있었다. 꽃을 물속에서 비스듬히 자르면 줄기와 공기의 닿는 면이 줄고 물과 닿는 면적이 넓어져, 꽃이 물을 잘 빨아들일 수 있고 결과적으로 꽃의 수명이 길어지기 때문이라고 한다.

⚛ 적색 2호 식용색소로 물의 통로가 식물체 전체에 고루 퍼져 있음을 확인하다

 백합을 실험 재료로 물의 통로를 확인하는 데 사용하는 식용색소에 대한 정보가 없어 최근까지도 대부분 일반 교재사나 시장에서 색소를 구입해서 사용하고 있다. 그 결과 꽃의 가장자리나 잎의 가장자리만 집중적으로 붉게 나타나, 학생들에게 물관이 꽃잎이나 잎의 가장자리에 집중적으로 분포한다는 오개념을 심어줄 우려가 있었다. 이 같은 우려를 없애고 본 차시에서 도달해야 할 성취기준과 학습 목표를 모두 해결할 수 있는 방법은 백합과 식용색소의 종류에 그 해답이 있었다. 다음 사항에 유의해 실험하면 깜짝 놀랄 만한 결과가 눈앞에 펼쳐지게 된다.

① 백합을 구입할 때 절화 대신 화분에 심어진 '시베리아'라는 백합을 구입해 실험 재료로 활용하길 권한다.

② 백합 줄기를 자를 때는 물속에서 최대한 단면이 넓게 비스듬히 자른다.

③ 일반 색소 대신 식용색소 적색 2호나 청색 1호를 사용한다.

④ 꽃을 포함한 전체 길이를 30㎝ 안팎의 길이로 즉석에서 잘라 사용한다.

〈관찰하기 위한 백합〉

〈비스듬히 자른 백합 줄기〉

〈적색 2호 식용색소〉

〈한 시간 후 백합 모습〉

〈하루가 지난 후 백합 모습〉

✿ 이렇게 하면 자신 있어요!

1) 백합 대신 셀러리, 봉선화를 사용하여 실험할 수 있다.

2) 식용색소 대신 물감을 사용하지 않도록 한다. 물감은 입자의 크기가 커 물관을 막을 수 있다.

3) 백합을 관찰할 때는 삼각플라스크에 식용색소(적색 2호)를 1숟가락 정도 넣고, 셀러리를 관찰할 때는 식용색소(청색 1호)를 1숟가락 정도 넣으면 관찰이 용이하다.

4) 백합으로 물관만 관찰할 때 하나의 줄기에 꽃이 한 송이 달린 것을 실험 재료로 사용하면 더 자세히 관찰할 수 있다.

5) 물관을 관찰할 때 재료는 반드시 색소에 잠기지 않은 부분으로 사용한다. 색소에 잠긴 부분을 관찰 재료로 사용할 경우 색소가 옆에서 스며들었다고 생각하는 학생들이 있을 수 있다.

6) 광학 현미경을 사용하여 물관을 관찰할 때 관찰 시료는 가능한 한 얇게 잘라 관찰한다.

7) 백합을 실험 재료로 사용하는 이유는 꽃이 흰색이기 때문에 색소와 대비되어 물관을 더 또렷하게 볼 수 있기 때문이다.

현미경과 함께한 수업에 대한 반응

　수석 선생님과 과학 수업을 함께 하면서 여러 가지를 배웠지만, 그중에서 가장 기억에 남는 것은 6학년 1학기 4단원 '식물의 구조와 기능' 단원이다. 이 단원은 특히 현미경과 세포가 나오는 단원인데, 여러 가지 풀 중 닭의장풀이라는 식물의 표피를 벗겨 현미경 표본을 직접 만든 뒤 화면이 나오는 현미경을 사용하여 관찰한 부분이 가장 재미있었고 기억에 남는다. 교과서에는 만들어 놓은 표본으로 관찰하도록 되어 있는데, 수석 선생님께서는 우리들과 함께 학교 울타리 주변을 다니시면서 직접 닭의장풀을 뽑아 현미경 표본을 만드는 방법까지 자세히 설명해주셨다. 처음에는 닭의장풀 표피를 벗기는 것이 좀 힘들었지만 몇 번 벗기니까 나도 할 수 있겠다는 생각이 들었다.

　수석 선생님께서는 생물은 모두 세포로 이루어져 있지만, 그중에서 동물세포와 식물세포를 비교해보면 식물은 아주 높게 자랄 수 있는 데 반해 동물은 식물처럼 높게 자랄 수 없는 까닭으로 세포벽 이야기를 해주셨다. 특히 해변에 밀려온 고래를 빨리 물속에 밀어 넣어주어야 하는 이유도 세포벽이 없기 때문이라고 말씀해주신 것이 기억에 남는다. 그 밖에도 매니큐어를 사용하여 세포 관찰하기, 입안 세균 관찰하기, 장구벌레 관찰하기 등 현미경을 이용한 실험이 많았다. 현미경으로 이렇게 자세한 부분까지 세세하게 관찰할 수 있다는 것이 신기했다. 또 사람의 피를 관찰하는 실험을 한 적도 있다. 사람의 피 한 방울 안에 수많은 적혈구, 백혈구, 혈소판이 들어 있다는 사실이 신기했다.

　한 학기 동안 수석 선생님께서는 설명과 실험들을 통해 교과서에 나오는 내용뿐만 아니라 나오지 않는 부분까지 자세히 가르쳐 주셨다. 수석 선생님께서 우리에게 하나라도 더 가르쳐주어 도움이 되기를 바라는 마음이 감사하게 느껴졌다. 또 수석 선생님과의 과학 수업 덕분에 과학과 필기에도 조금 더 흥미와 관심을 가지게 되었다. 선생님, 감사합니다!

－ 청도초 6학년 학생 김현지－

영원한 과학 청년, 손희윤 수석 선생님께

수석 선생님을 처음 뵌 것은 2002년 가을, 경산 중앙초등학교 교생 실습에서였다. 늦은 나이의 교생 실습에 여러 가지 사정과 어려움이 있었지만 귀중한 현장 경험들을 하나라도 더 가슴에 담기 위해 하루 종일 두리번거리고 열심히 메모하던 어느 날, 현직 선생님의 공개 수업을 참관할 기회가 생겼다.

"이렇게 많은 교생을 다 초대해서 공개 수업을 하신다고? 와, 대단하시다!"

담임 선생님 한 분 앞에서 하는 수업에도 긴장해서 목소리를 떨던 우리 교생들은 기대감에 들썩이며 왁자지껄 교실에 들어서다 한 번 더 깜짝 놀랐다. 우리 교생들보다 앞서 도착한 현직 선생님들이 빼곡히 교실을 메우고 계셨기 때문이었다.

그날 처음 손희윤 수석 선생님을 뵈었다. 수석 선생님은 많은 참관자들에 익숙한 듯 자연스럽고 짧은 인사를 건넨 후 6학년 학생들과 과학과 '산과 염기의 중화반응' 수업을 공개하셨다. 학생들의 적극적인 발표와 체계적으로 이루어지는 실험, 질서 잡힌 수업 분위기에 감탄이 절로 나왔다. 그리고 놀란 것은 교생들 못지않게 현직 선생님들이 감탄하면서 수업을 참관하는 모습이었다. 그날 오후 수업 협의에서는 수업자와 참관자 간 질의 응답이 오갔다. 수석 선생님은 모든 질문에 당당하고 자신있게 대답하셔서 더욱 인상적이었고, 교생들에게 하나라도 더 알려주려고 애쓰시는 모습에 우리 교생들은 너무나 감사했다. 그렇게 수석 선생님은 내 기억 속에 '과학을 잘 가르치는 열정적인 선생님'으로 한참을 계셨다.

그 첫 기억으로부터 20년이 더 지났다. 지금 누군가 나에게 손희윤 수석 선생님을 표현해보라고 한다면 나는 여전히 '과학을 잘 가르치는 열정적인 교사'라고 할 것이다. 그리고 거기에는 가까이서 지켜보고 함께 생활하면서 알게 된 '과학을 정말 좋아하는', '아는 것을 아낌없이 알려주는', '걸어다니는 동식물 사전 같은'이라는 표현이 추가될 것이다. 그리고 절대로 빼놓을 수 없는 '현미경 전문가'라는 수식어도.

그동안 이어진 수석 선생님과의 인연 역시 모두 과학이다. 신규 교사 시절에는 수석 선생님의 과학과 실험 연수를 몇 번 들으며 과학과 지도에 자신을 가졌고, 몇 년 후에는 청도와 경산에서 과학 영재 학생을 함께 지도하며(이때도 수석 선생님은 영재 학급 학부모 공개 수업을 도맡아 하셨다.) 많은 가르침과 도움을 받았다. 최근에는 청도 풍각초등학교에서 2년간(2018~2019년) 함께 근무하며 수석 선생님의 과학 교과 지도, 과학 업무 처리, 교사 연수를 전담하는 모습을 곁에서 배울 수 있었다.

"수석 선생님, 올해도 컨설팅 장학 요청드려요. '학생 생성 교육과정의 이해 및 과학과 학생 생성 교육과정 운영 방안'을 주제로 강의 부탁드립니다."

지난 7월, 청도초에 근무하시는 수석 선생님께 3년째 풍각초의 현장 중심 교사 수준 교육과정 연수를 부탁드렸다. 3년 동안 수석 선생님은 해마다 다른 연구 과제를 받으셨는데, 그때마다 열심히 연구하고 꼼꼼히 준비한 것을 한보따리씩 다 풀어주고 가셨다.

광학 현미경으로 미생물 관찰하고 크기 측정하기, 천체 망원경과 별자리 애플리케이션을 활용하여 낮에 별자리 관찰하기, 위상차 현미경으로 살아 있는 입속 세균 관찰하기, (지도서에 나오지 않는) 과학 실험에 효과적인 실험 재료로 다시 실험하기 등등 수석 선생님의 강의는 늘 새롭고 신선하다. 앞으로 10년은 더 컨설팅 요청드릴 생각이다.

"수석 선생님, 현미경 단원 들어가는데요, 세균 슬라이드를 못 구했어요."

"수석 선생님, 물관 실험하는데 백합 염색이 잘 안돼요."

우리 학교 선생님들은 늘 손희윤 수석 선생님께 전화를 드린다. 수석 선생님은 지나가는 길이라며 세균 슬라이드를 손수 가져다 주시고, 백합 염색이 잘되는 색소를 찾았다며 몇 개나 손에 들려 주신다.

"실험해야 하는데 슬라이드가 없어서 얼마나 속 태웠어요?"

"지도서에 나오는 색소로는 염색이 잘 안되죠? 이걸로 한번 해봐요. 제가 해보니 훨씬 뚜렷한 변화가 관찰돼요."

우리는 감사하고 죄송하여 몸 둘 바를 몰라하는데, 수석 선생님은 언제나 활짝 웃는 얼굴이시다.

영원한 과학 청년, 손희윤 수석 선생님!

그 열정을 존경합니다.

-풍각초 교사 김단정-

Chapter 03

질문으로 수업의 날개를 달다

질문으로 수업의 날개를 달다

질문하면 저절로 되는 수업

수업은 아직도 내게 어려운 영역이다. 그러나 수업을 거듭하면서 그리고 수업에 대해 약간씩 눈을 뜨기 시작하면서, 수업에 대한 질문과 생각은 여러 갈래로 가지치기를 하면서 퍼져나갔다.

'수업에서 교사의 역할은 무엇일까?'

'잘 가르치는 것이 좋은 수업일까, 아니면 잘 배우게 하는 것이 좋은 수업일까?'

'학생들이 잘 배우려면 어떻게 해야 하는가?'

수업과 관련한 교육학적인 질문은 점차 확장되어갔고, 그러한 끝없는 질문은 나로 하여금 수석 교사를 지원하게 하는 계기가 되었다.

수업을 해보면 알겠지만 충분히 자료를 준비하고 교재 연구를 충실히 해서 수업에 들어가면, 학생들의 반응과 태도, 수업에 대한 몰입도가 그렇지 않을 때와 전혀 다르다는 것을 확연히 실감하게 된다. 이런 차원에서 수석 교사가 되면서 교재 연구를 하는 방식이 예전과 달라졌다. 담임 교사를 할 때는 단위 수업 시간에 무엇을 가르칠 것인지, 곧 학습 내용을 중심으로 교재 연구를 했던 것 같다. 다른 말로 표현하면 가르치는 교사의 입장에서 교재 연구를 했다는 것이다.

그러나 지금은 다르다. 이제는 그러한 학습 내용을 '학생들이 어떻게 하면 잘 배울 수 있도록 도와줄 것인가?'에 중점을 두게 되었다. 즉 학생의 입장에서 교재 연구를 한다고 할 수 있다. 이런 변화는 수업 방식을 학생들에게 어떤 양질의 좋은 질문을 제시할 것인지에 대한 방향으로 전환하도록 이끌었다. 뿐만 아니라 수업 상황에서 발생할 수 있는 다양한 변수들과 학생들이 가질 수 있는 오개념에 대한 연구도 빼놓지 않는다. 즉 수업 중에 발생할 수 있는 예기치 못한 돌발 상황을 항상 염두에 두면서 교재 연구를 하게 되었다.

그러나 그 무엇보다도 가장 중요하게 생각하는 지점은 '학생들이 단위 차시와 관련된 수업 내용과 관련하여 어떻게 하면 더 좋은 질문을 만들게 할 수 있을까?'에 대한 고민을 많이 하게 되었다는 것이다. 이런 차이는 모두 '질문이 있는 수업'을 시작하고 나면서부터 일어난 새로운 변화이다.

바로 이 책에서 선생님들에게 소개할 '질문이 있는 수업'이 바로 그것이다.

'질문이 있는 수업'에서는 학생들이 만든 질문이 수업에서 가장 중요한 부분을 차지한다고 해도 과언이 아니다. 그런데 학생들이 만든 질문을 보면 그 수준은 각양각색이지만, 질문마다 나름의 의미가 있다는 것을 수업을 거듭할수록 더욱 강렬하게 느끼게 된다. 어떤 학생들의 질문에서는 내가 생각했던 그 이상으로 치밀하고 논리적인 측면을 보게 된다. 뿐만 아니라 전혀 예상하지 못했던 뜻밖의 질문도 많이 접하게 된다. 그럴 때마다 나는 학생들로부터 또 다른 차원의 소중한 배움의 시간을 갖게 된다.

수업은 바로 그런 것이다. 교사가 일방적으로 가르치고 학생들은 일방적으로 배우는 그런 차원에서 벗어나, 서로 함께 배우고 알아가는 과정이 수업이라는 생각을 하게 되는 순간이다.

〈 학생들과 함께 만들어가는 질문 수업 장면 〉

학생들은 저마다의 관점과 이해의 틀이 있다. 수업은 그것을 확인하는 작업에서부터 시작하여 그것을 바람직한 방향으로 변화시키고 성장시키는 것으로 나아가는 과정이다.

가르치는 자로서의 진정한 즐거움과 기쁨은 바로 학생들이 자신을, 우리를, 세상을 보는 관점과 방식이 점차적으로 성장하는 모습을 바라볼 때이다.

선생이 아니라, 참된 스승이 되자.

다시 던지는 수업에 대한 질문들

'질문이 있는 수업' 방식은 학생들이 만든 질문과 교사가 만든 질문을 함께 조합하여 진행된다. 그야말로 질문이 굉장히 중요한 부분을 차지한다. 그리고 수업은 대부분 어떤 한 주제나 질문에 대해서 짝 대화와 모둠 대화를 통한 배움 대화 방식으로 이루어진다. 학생들은 다양한 배움 대화를 통해서 주어진 주제와 문제에 대해 자신의 생각과 의견을 서로 주고받는 가운데 많은 것을 느끼고 배우게 된다. 이때 교사의 역할은 그들에게 다가가서 무슨 이야기를 나누는지, 어떤 생각을 하는지, 어떤 오개념을 갖고 있는지 확인하는 것이다.

물론 어떤 주제는 짝 대화나 모둠 대화 차원에서만 그칠 것이 아니라, 반 전체의 생각과 의견을 공유하고 정리해야 할 필요성도 있다. 이런 경우에는 학급 대화를 통해 좀 더 확장된 토의나 토론을 진행해 나가기도 한다. 그래서 때로는 수업이 원래 계획했던 대로 진행되지 않을 때도 있다. 그러나 수업을 거듭할수록 그런 시간도 다음 수업을 위한 소중한 징검다리가 되는 경우를 많이 보게 되었다. 그렇기 때문에 '질문이 있는 수업'은 매시간이 새로운 의미를 생성하는 귀한 시간이 된다. 그것이 예전과 달라진 나의 수업 방식이고, 수업에 대한 새로운 시각과 철학으로 열어가는 수업이라고 말할 수 있다.

그렇게 수업을 끝마치고 나면, 간혹 어떤 학생들은 다음 수업 시간이 기다려진다는 말을 하기도 한다. 혹은 못내 교실을 떠나지 못하고 몹시 아쉬워하는 표정을 짓는 학생들도 더러 보게 된다. 심지어는 한동안 안타까운 마음을 감싸안은 채 교탁 주변과 교실을 맴도는 학생들도 있다. 그럴 때마다 내 마음 속에서는 왠지 모를 희열과 기쁨의 감정이 솟구쳐 오르는 느낌이다. 가르치는 자만이 경험할 수 있는 그야말로 돈으로도 살 수 없는 인생 최고의 소중한 선물이다.

어떻게 말해야 그런 감정을 제대로 표현할 수 있을까? 아마 그런 감정은 우리가 흔히 일상생활에서 느끼는 기쁨이나 희열과는 차원이 다른 것 같다. 왜냐하면 한 인간이 소중한 배움의 과정에서 자신과 이 세상을 알아가는, 혹은 자신의 삶을 의미 있게 찾아가는 과정을 직접 눈앞에서 보게 되는 특별한 시간이기 때문이다. 이런 감정은 담임 교사를 하면서는 거의 갖지 못했던 희열이고 기쁨이며, 두말할 나위 없이 '질문이 있는 수업'을 시작하기 이전에는 경험하지 못한 소중한 감정이다.

이렇게 '질문이 있는 수업'을 진행하면서 다시 다음과 같은 질문을 던지게 되었다.

'학교 교육의 본질은 무엇인가?'

'교사에게 가장 중요한 것은 무엇인가?'

학교 교육의 본질에 대해서는 사람마다 약간씩 견해가 다르겠지만 현재 내가 생각하는 학교 교육의 본질은 우선적으로는 자신이 누군가를 알고 자신의 삶을 아름답게 개척해나가는 능동적인 인간을 길러내는 것이라고 생각한다. 그리고 자신과 타인을 소중히 여기고 소통할 줄 아는 가슴이 따뜻한 인간을 길러내는 것이다. 한 걸음 더 나아가서 인간에게 선물로 허락된 자연과 이 세상을 귀하게 여기고 감사할 줄 알며, 그것들과 함께 더불어 살아가는 감성적인 인간을 길러내는 것이라고 생각한다.

그리고 '교사에게 가장 중요한 것은 무엇인가?'라는 질문에는 대부분의 교사가 생활지도도 아니고 학교 업무도 아닌 바로 '수업'이라고 답할 것이다. 그렇다면 '학교는 교사가 학교 교육의 본질과 교사의 역할을 제대로 구현하는 데 얼마만큼 기여하고 있는가?'라는 질문에 대한 답변은 어떨까? 사람들마다 견해 차이가 있겠지만 일정 부분은 긍정적인 답변이 있을 수 있다. 그러나 또 다른 한편으로는 부정적인 답변이 나올 수밖에 없다는 것도 오늘날의 학교 상황과 현실을 대변해주는 것이라 생각한다.

분명한 사실은 이제 수업이 달라져야 한다는 것이다. 교육 패러다임의 변화를 군이 거창하게 들먹이지 않더라도, 교육에 어느 정도 관심을 가지고 있는 사람이라면 대부분 이에 대해서 적극적으로 동의할 것이다. 그러나 그 방향에 대해서는 이견이 있을 수 있다.

이러한 시대적인 상황 속에서, 세상에 던져진 소중하고 특별한 존재가 바로 우리가 교실에서 만나게 되는 학생들이다. 이들은 다른 사람들과 구별되는 독특한 하나의 인격체라는 측면에서 너무도 소중하지만, 그럼에도 불구하고 이 세상에 오고 싶어서 온 것이 아니다. 따라서 학생들은 이 세상에 홀연히 던져진 존재라고 해도 틀리지 않는 표현일 것이다. 그렇기 때문에 학생들은 생득적으로 이 세상에 대해서 수많은 의문점과 질문을 가지고 있다. 그러나 안타깝게도 지금까지의 교실 상황은 이들의 질문과 의문점들을 제대로 수용하거나 용납하지 않았던 것이 사실이다. 왜냐하면 일정 부분 그것의 가치를 제대로 인식하지 못했고, 더군다나 그것을 수용하고 친절하게 반응할 수 있는 시간적인 여유도 없었기 때문이다. 그러나 이제 교사는 학생들이 세상에 대해 품은 소중한 질문들과 의문점들을 수업에서 녹여낼 수 있도록 도와주어야 한다. 교실은 그러한 질문을 다양한 '배움 대화'를 통해 공유할 수 있는 열린 공간이 되어야 한다. 수업은 학생들이 서로 머리를 맞대고 자신들의 수준에서 자신들의 언어로 그 해답을 찾아가도록 도와주는 공간이 되어야 한다.

수석 교사의 길을 걸으면서 수업과 관련하여 소중하게 깨달은 점이 있다면, 수업은 학생과 교사가 모두 적극적인 주체자가 되어야 한다는 것이다. 진정한 배움이 일어나기 위해서는 학생과 학생 간, 학생과 교사 간의 활발한 상호작용이 필수적인 요소이며, 나는 이러한 수업 방식과 철학을 어느 정도 만족시키는 수업이 바로 '질문이 있는 수업'이라고 생각한다.

질문이 있는 과학 수업 들여다보기

✿ 질문 만들기가 또 다른 부담감으로 작용할 수 있다

학생들이 자신이 모르는 내용이나 알고 싶은 것을 질문으로 만드는 작업은 그리 쉽지 않다. 이유는 다양한데 가장 큰 이유는 지금까지 질문을 만들어본 경험이 거의 없어서 무엇을 어떻게 질문으로 만들어야 하는지 잘 모르기 때문일 것이다. 그런가 하면 어떤 경우에는 자신이 알고 싶은 부분이 분명히 있는데, 그것을 질문으로 표현하는 방법을 제대로 모르는 경우도 있다.

가장 안타까운 경우는 자신이 무엇을 알고 무엇을 모르고 있는지와 관련한 메타인지의 결핍에서 오는 어려움일 것이다. 이유가 무엇이든 간에 질문 만들기에 익숙하지 않은 학생들에게 무턱대고 '질문을 만들어보라'고 하는 것은 강요나 부담감으로 작용할 것이다. 즉 그것은 학생들로 하여금 학습 내용에서 오는 압박감뿐만 아니라, 또 다른 차원의 이중적인 부담감을 안겨주는 것이 될 수 있다.

✿ 어떻게 질문을 만들게 하면 좋을까?

우선 이 질문에 대해 상술하기 전에, 교사는 학생들에게 '질문은 우리의 삶과 떼려야 뗄 수 없는 불가분의 관계에 있는 삶 그 자체'라는 인식을 자연스럽게 심어주는 것이 중요하다. 예를 들어 신고 있던 신발이 낡아서 새 신발을 사야 할 경우를 상정해보자. 그러면 자연스럽게 이런 질문을 던지게 된다.

"어느 브랜드의 신발을 사면 좋을까?"
"색상은 어떤 것으로 하면 좋을까?"
"가격은 얼마짜리로 하면 좋을까?"
"구두가 좋을까, 아니면 운동화 종류가 좋을까?"

등등 신발 하나를 바꾸는 데도 수많은 질문을 거치게 된다. 이처럼 사실 우리의 삶 자체가 질문의 연속이다.

학생들은 이 사실을 대수롭지 않게 생각하고 있었을 뿐이다. 그러므로 교사는 학생들에게 삶의 수많은 질문이 학습 내용으로 자연스럽게 연동되도록 안내하는 것이 중요하다. 이 말에 함의된 내용은 철학적으로나 교육학적으로 대단히 큰 의미가 있다. 왜냐하면 우리가 학교에서 배우는 수많은 내용들이 바로 우리의 삶과 직간접적으로 관련되기 때문이다. 따라서 교사에게 필요한 역량은 이러한 사실 관계를 효과적으로 그리고 의미 있게 연결시켜 주는 것이 아닐까 생각한다.

이를테면 질문은 어려운 것이 아니라 우리 생활과 매우 밀접한 관련이 있다는 것을 알게 하는 것 말이다. 물론 질문에는 차이가 있다. 그렇다면 생활 속에서 던지는 질문과 수업 시간에 던지는 질문의 차이는 무엇일까? 아마 후자는 우리가 배워야 할 학습 내용, 곧 많은 일상의 문제 중에서 특정한 목적을 위해 선별된 내용으로 정리되어 만들어진 것이라는 점일 것이다.

✿ 질문 수업은 교과서를 꼼꼼히 살피는 것에서 시작된다

그렇다면 질문을 만드는 데 활용할 수 있는 가장 적절한 자료는 무엇일까? 그것은 바로 교과서이다. 교과서는 교사에게 교육과정 문서를 구현하는 가장 효과적이고 적합한 교육과정 자료이다. 그러므로 '질문이 있는 수업'에서는 학생들에게 교과서의 텍스트 내용을 충분히 그리고 면밀히 분석하면서 읽게 하는 것이 무엇보다도 중요하다. 또한 그림 및 사진 자료도 꼼꼼히 살펴보고 검토하면서 질문을 만들게 해야 한다. 그리고 오늘 배울 내용이 무엇인지를 먼저 확인하고 가능한 한 그 범위 내에서 질문을 만들게 하는 것이 중요하다.

교과서의 텍스트는 교육과정의 핵심 개념 및 학습 요소, 학습 내용을 가장 집약적으로 설명하고 기술한 중요한 학습 자료이다. 그렇기 때문에 우선적으로 교과서 내용을 잘 살펴보면서 잘 모르겠거나 애매하고 모호한 내용, 좀 더 명확한 이해가 필요한 내용을 중심으로 질문을 만들게 한다.

그림이나 사진 자료도 질문을 만드는 데 빼놓을 수 없는 중요한 자료이다. 표나 그림, 사진 자료는 교과마다 질문을 만드는 데 활용하는 방법이 조금씩 다를 수 있다. 예를 들어 사회 교과는 다소 장황한 내용을 한눈에 이해할 수 있도록 표로 정리하여 제시하는 경우가 많다. 그리고 학습 내용과 관련한 도움 자료, 부가 자료, 보충 자료로 그림이나 사진 자료를 제시하는 경우도 있다. 그렇기 때문에 텍스트 내용과 병행하여 제시된 표나 그림, 사진 자료를 참고하여 질문을 만들게 하면 효과적이다.

과학 교과는 일차적으로 실험 과정과 관련한 내용이 그림이나 사진 자료로 제시되는 경우가 많다. 그리고 학습 내용과 관련한 핵심적인 부분뿐만 아니라, 동기 유발을 할 때나 적용적인 측면에서 학생들의 이해를 돕기 위한 도움 자료나 보충 자료로 그림이나 사진 자료가 제시된다. 따라서 과학은 우선적으로 실험 장면을 유심히 살펴보게 하는 것이 무엇보다 중요하다. 그리고 학습 내용과 관련한 본질적인 부분, 그리고 적용 및 확장의 의미를 내포하고 있는 도움 자료나 보충 자료는 그것이 담고 있는 의미를 이해하고 분석하도록 안내해야 한다.

그렇게 안내하지 않으면 학생들은 왜 그런 그림이나 사진 자료가 제시되었는지, 그것이 무엇을 의미하는지, 무엇이 중요한지를 제대로 생각해보지 않고 그냥 지나치는 경우가 대부분이다. 따라서 교사는 사전에 학생들이 이런 오류를 범하지 않도록 잘 안내하여 그림이나 사진 자료 속에 담긴 중요한 의미를 파악하도록 해야 하며, 잘 이해되지 않거나 왜 그렇게 표현되어 있는지, 그것이 무엇을 의미하는지 모르는 부분을 찾아서 질문을 만들게 하는 것이 좋다.

질문이 있는 수업의 실제

✿ 교과서를 세밀히 분석하는 습관을 들이게 하라

본 장에서는 실제 과학 교과 5학년 1학기 3단원에서 한 차시를 선정하여, 수업의 도입 부분부터 마지막 정리 부분까지 '질문이 있는 수업'이 어떻게 전개되는지를 교사들의 이해를 돕는 차원에서 가능한 한 자세하게 기술하고자 한다. '질문이 있는 수업'을 직접 시도해보고자 하는 교사들이 이 내용만 잘 이해하면 다른 교과, 다른 단원, 다른 차시에 '질문이 있는 수업'을 적용하는 데 어려움이 없도록 충분한 이해를 제공하고자 한다.

과학은 다른 교과서에 비해서 그림 및 사진 자료가 훨씬 많다. 그 이유는 차시마다 실험 과정을 설명하는 부분이 제시되어 있기 때문이다. 그 외에도 다양한 보충 자료, 예를 들어 도입 부분의 동기 유발 자료나 실험 결과를 토대로 그 사실이 우리 생활에 적용되는 사례를 제시하는 그림이나 사진 자료도 제시되어 있다. 질문이 있는 수업에서는 교과서에 제시된 그림이나 사진 자료 혹은 텍스트를 잘 분석하고 이해하는 것이 무엇보다도 중요한데, 학생들이 교과서에 제시된 그림이나 사진 자료, 텍스트를 분석하여 만든 질문을 중심으로 수업이 전개되기 때문이다.

그런데 학생들이 만든 질문을 살펴보면 질문을 만들기 전에 오늘 배울 내용과 관련이 있는 질문을 만들어야 한다고 주지시켰음에도, 종종 오늘 배울 내용과 관련이 없는 것이라서 당황스러울 때가 있다. 어떤 질문은 다음 차시와 관련된 질문이기도 하고, 어떤 질문은 본 차시 자체와 전혀 관련이 없는 엉뚱한 질문인 경우도 있다. 질문이 다음 차시와 관련된 것일 경우에 교사는 그 질문이 다음 차시의 내용과 관련된다고 안내해주면서, 본 차시와 관련된 내용을 중심으로 다시 질문을 만들게 하면 된다. 그러나 전혀 관련이 없는 내용인 경우에는 왜 그런 질문을 던졌는지 반드시 학생에게 물어보아야 한다. 그리고 직접 교사가 학생과 함께 교과서 내용을 살펴보면서 예시로 질문을 만드는 시범을 보여주면 좋다.

다인수 학급의 경우 교사가 학생들의 질문을 일일이 체크하고 살펴보는 것은 시간상 분명히 한계가 있다. 그럼에도 불구하고 교사는 학생들이 던진 질문을 몇 가지 주제나 내용으로 유목화 Grouping하는 작업이 필요하다. 대략 3~4개 정도의 내용으로 유목화하여 학생들에게 안내하면 좋은데, 실험 및 관찰 과정과 관련된 질문, 실험 및 관찰 내용과 관련된 질문, 실험 및 관찰 결과와 관련된 질문, 실험 및 관찰 활동을 마친 후 적용적인 부분과 관련된 질문 등으로 유목화하여 제시하면 좋다.

〈5-1학기 과학과 교수·학습 과정안: 3단원 태양계와 별〉

일시		학년	5학년 ○반	수업자	○○○
단원	3. 태양계와 별(2/11)	주제	태양계의 구성원 알아보기	장소	과학실
학습 목표	• 태양계 행성의 특징을 조사하여 발표할 수 있다. • 태양계 행성의 구성원을 알 수 있다.			교과 핵심 역량	과학적 의사소통 능력
				인성 요소	배려, 협력, 공감, 소통
성취 기준	[6과02-01] 태양이 지구의 에너지원임을 이해하고 태양계를 구성하는 태양과 행성을 조사할 수 있다. [6미02-02] 다양한 발상 방법으로 아이디어를 발전시킬 수 있다. [체육5] 주제와 관련된 다양한 표현 방식을 이해하고 자신의 느낌과 생각에 따라 창의적인 방법으로 표현한다.				
수업자 의도	태양계의 구성원을 알아보는 과학을 중심 교과(S)로 설정하여, 텍스트를 읽고 질문을 만들며(E), 교사가 제시하는 질문에 대한 다양한 짝 대화, 모둠 대화(대화 및 신체 활동, A)를 통해 핵심 질문을 해결하는 방향으로 수업을 전개한다.				
학습 자료	교사	태양계 행성의 ppt 자료, 태양계 행성 자료		학생	교과서, 실험 관찰, 태블릿 pc

단계	학습 내용	교수·학습 활동	자료 ♣, 유의점 ※, 인성 요소 인, 핵심 역량 역, 활동 유형 활
동기 유발 및 문제 파악	동기 유발 및 생각 열기	■ 전시 학습 상기 및 동기 유발 ◎ '가족'이라는 단어에서 떠오르는 낱말 생각하기 ◎ 배경 지식 활성화 및 질문 만들기 • 교과서 그림 살펴보며 교사와 함께 텍스트 읽기 ◎ 옆짝과 함께 대화하며 질문 만들기(2가지 이상) • 질문 모둠판에 질문을 적고, '나도, 나만, 우리도, 너희만' 게임하기	♣ ppt 활 짝 활동(옆짝) ※ 책을 읽을 때 또박또박 분명하게 소리 내어 읽는다. 인 배려, 협력 ♣ 질문 노트, 보드판
자유 탐색 탐색 결과 발표	핵심 질문 확인	■ 학습 질문 제시하기 ♣ 태양계의 의미와 구성 요소를 알아볼까요?	※ 학생들이 만든 질문을 중심으로 하되, 없는 경우에는 교사가 미리 만들어 놓은 질문을 제시한다.
교사의 안내에 따른 탐색	생각 넓히기 자료 탐색 및 기초 탐구	■ 생각 넓히기 ◎ 징검다리 질문: 태양계가 태양의 영향을 받는 천체라는 말은 무슨 뜻일까요? (태블릿 pc) • 교과서에 제시된 그림과 pc를 보고 징검다리 질문을 해결하기 위한 자료 탐색하기 ◎ 본질 질문: 태양계 구성원에는 어떤 것들이 있나요? (과정중심의 평가) • 임의 짝 활동을 통해 서로 정보 공유하기	♣ ppt, 태블릿 pc 역 과학적 의사소통 역량 ※ 학생들이 스스로 태양계에 대한 의미를 찾을 수 있도록 추가적인 자료와 단서를 제시한다. ♣ 파랑, 노랑, 초록색 종이 활 임의 짝 활동
	생각 정교화하기	■ 생각 정교화하기 ◎ 적용 질문: 태양계 지구(행성)와 달(위성)의 관계를 몸으로 표현해볼까요? • 모둠별로 서로 역할을 정하여 몸으로 표현하기	※ 학생들의 오개념을 바로잡아준다. 인 공감, 협력
탐색 결과 정리	학습 내용 정리	■ 친구들과 함께 만들어가기 ◎ 서로 배운 내용을 임의 짝끼리 설명하면서 나누기 ◎ 태양계 구성원을 노래가사로 만들어 부르기 ◎ 차시 예고하기 • 소행성, 혜성에 대해서 더 알아보기	인 협력, 소통

✼ 수업 도입은 이렇게 해요

〈 도입 부분과 교수 · 학습 활동 〉

단계	학습 내용	교수 · 학습 활동	자료 ♣, 유의점 ※, 인성 요소 인, 핵심 역량 역, 활동 유형 활
동기 유발 및 문제 파악	동기 유발 및 생각 열기	◼ 전시 학습 상기 및 동기 유발 ◎ '가족'이라는 단어에서 떠오르는 낱말 생각하기 ◎ 배경 지식 활성화 및 질문 만들기 　• 교과서 그림 살펴보며 교사와 함께 텍스트 읽기 ◎ 옆짝과 함께 대화하며 질문 만들기(2가지 이상) 　• 질문 모듬판에 질문을 적고, '나도, 나만, 우리도, 너희만' 게임하기	♣ ppt 활 짝 활동(옆짝) ※ 책을 읽을 때 또박또박 분명하게 소리 내어 읽는다. 인 배려, 협력 ♣ 질문 노트, 보드판

　태양계는 태양을 중심으로 도는 8개의 행성과 그 행성을 도는 위성, 그리고 소행성, 혜성 등으로 구성되어 있다. 그래서 태양계를 태양을 중심으로 구성된 한 가족으로 비유하면 좋을 듯하여 동기 유발 자료로 가족 사진을 제시하였다.

〈학생들에게 제시한 가족 사진〉

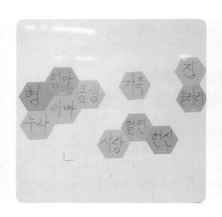
〈'가족' 하면 떠오르는 낱말〉

〈교과서에 제시된 태양계 그림〉

　그리고 가족이라는 단어를 들었을 때 무엇이 떠오르는지 학생들에게 질문을 던졌다. 학생들은 다양한 반응을 보였다. 엄마, 아빠, 형, 누나 등 가족 구성원을 말하기도 하고, 한 울타리, 집 등 가족이 사는 공간을 말하기도 했다. 그리고 혈연, 사랑, 헌신 등 가족을 지탱하는 중요한 요소를 말하기도 했다. 그런데 내가 기대한 내용은 바로 관계였다. 왜냐하면 태양계는 태양을 중심으로 어떤 관계성을 맺고 있기 때문이다. 뒷부분에 나오지만, 태양계 구성원이 되려면 반드시 태양을 중심으로 태양 주위를 돌아야 한다. 이것이 바로 태양계 구성원들이 태양과 갖는 중요한 관계성이다.

그런 의미에서 학생들이 언급한 혈연, 사랑, 헌신 등을 다시 한 번 더 강조하면서, 이러한 단어를 한 마디로 '관계'라는 말로 요약할 수 있다고 안내해주었다. 아울러 가족은 어떤 특별한 관계성을 맺고 있는 작은 단위라고 안내하고, 오늘 우리는 태양계라고 하는 또 다른 가족을 만나게 될 것이라고 제시하면서 교과서에 실린 태양계 사진을 제시했다.

Tips

질문 수업에서 가장 효과적인 동기 유발 전략은 오늘 학습할 내용과 연계하여 그것을 연상하게 함으로써 학생들에게 '왜 그렇지?'라는 의문점을 갖게 하는 것이다. 질문이 있는 수업이라는 용어가 말해주듯이, 학생들에게 질문이 일어나도록 자극하는 동기 유발, 그래서 종국적으로 '왜 그렇지?'라는 의문점을 갖게 하는 것이 가장 효과적인 동기 유발 전략이다.

⚙ 책을 분석하면서 질문을 만들자

학생들은 이제 오늘 학습할 내용이 태양계 가족에 대한 부분임을 알고, 특히 태양계가 어떤 관계성이 있어서 태양계 가족이라고 하는지 궁금증을 가지고 수업에 임하게 된다. 전술한 바와 같이 효과적인 동기 유발은 단순히 오늘 학습할 내용에 대해서 어렴풋이 감을 잡는 정도가 아니라, '왜 그렇지?'라고 하는 의문점을 가지게 해야 한다.

이러한 의문점은 학생들이 질문을 만드는 과정에도 도움이 될 뿐만 아니라 수업의 몰입도를 높이는 데도 긍정적인 요인이 된다. 하지만 기존의 수업 방식, 곧 주로 교사의 질문을 받으면서 그것에 대답하는 것에 익숙한 학생들에게 질문 만들기는 처음에는 어렵고 부담스러운 활동이다. 그러나 시간이 흐를수록 대부분의 학생들이 질문 만들기에 익숙해지는 것을 보게 된다. 물론 학생마다 정도의 차이는 있지만 주어진 시간 안에 1개 정도의 질문을 만드는 것은 그리 어렵지 않게 수행하는 것을 볼 수 있다. 그런데 학생들에게 무턱대고 질문을 만들라고 하면 무엇을 어떻게 해야 할지 당황하고 난감해한다. 따라서 처음에는 교사가 질문을 어떻게 만드는지 시범을 보이고, 예시 자료를 제공하는 것이 효과적이다.

Tips

대부분의 교사들은 주로 국어 읽기 시간이나 도덕 시간 등 특정 교과 시간에만 교과서를 읽을 것이라고 추측된다. 그런데 질문 수업에서는 어떤 교과든지 교사가 학생들과 함께 텍스트를 읽는 것이 매우 중요하다. 책 읽기에 익숙해지면 짝과 함께 읽게 하면 더 좋다. 왜냐하면 질문을 만들기 위해서는 우선적으로 텍스트 내용을 파악해야 하기 때문이다. 이때 한 문장씩 돌아가면서 읽게 하면 집중해서 읽는 모습을 볼 수 있다. 교사는 학생들로 하여금 책을 읽으면서 내용을 파악하게 하기도 하고, 잘 이해가 되지 않거나 혹은 더 알고 싶은 내용에 밑줄을 긋게 하여 그것을 중심으로 질문을 만들게 한다.

특히 과학 수업의 경우에는 그림과 사진 자료가 많기 때문에 다른 교과에 비해 질문 만들기가 훨씬 수월하다. 그림을 자세히 들여다보면서 분석하게 하거나 본 차시 텍스트 내용을 자세히 읽으면서 질문을 만들게 하면, 학생들은 교사가 예상했던 것 이상의 좋은 질문을 만들어낸다. 다음은 태양계와 별과 관련된 그림 자료를 보면서 학생들이 만든 질문들이다.

 학생들이 만든 질문들

- 달도 태양계의 가족일까?
- 처음에는 태양과 가까운데 왜 갈수록 행성 간의 거리가 멀어질까?
- 태양의 크기는 어느 정도일까?
- 태양과 주위 행성을 왜 태양계라고 할까?
- 태양계에서 엄마 역할을 하는 것은 무엇일까?
- 왜 행성은 크기가 다를까?
- 태양도 태양계 구성원일까?
- 왜 태양은 크고 다른 것은 작을까?
- 지구의 위성인 달도 태양계에 속할까?
- 왜 태양계 행성에는 태양과 지구를 뺀 나머지 행성에 '성'이 들어갈까?
- 별과 행성은 같은 걸까?
- 행성과 소행성의 차이점은 무엇인가?
- 별은 왜 태양계에 속하지 않을까?
- 태양으로 날아가는 듯이 보이는 파란색은 무엇일까?
- 달은 무엇으로 부를까?
- 별도 태양계에 포함시켜도 될 텐데 왜 분리했을까?
- 목성과 화성 사이에 작은 점 같은 것들이 보이는데 이것은 무엇인가? 그리고 왜 화성과 목성 사이에 집중적으로 있는가?

〈 질문을 만들고 있는 학생들 〉

학생들이 만든 질문을 보면 의외로 학생들의 관찰력이 대단하다는 것을 알게 된다. 예를 들어 '태양으로 날아가는 듯이 보이는 파란색은 무엇일까?'라는 질문을 한 번 생각해보자. 이 질문은 그림을 자세히 관찰하지 않으면 만들기 힘든 질문이다. 사실 과학에서 그림 자료는 오늘 배울 중요한 내용을 함축하고 있는 경우가 많기 때문에, 그것을 제대로 이해하는 것이 과학 수업의 성패를 좌우한다고 해도 해도 과언이 아니다.

사실 질문 수업을 하기 전까지는 특히 담임 교사일 때, 나 자신도 과학 수업을 하면서 교과서에 제시된 그림이나 사진 자료를 무심코 지나가거나 제대로 분석하지 않고 소홀히 한 경우가 많았다. 질문 수업을 하면서부터 교과서의 그림이나 사진 자료의 중요성을 깊이 인식하게 되었고 학생들이 그 의미와 중요성을 세심히 분석하고 파악하도록 안내하고 있다. 그것이 바로 좋은 질문을 만드는 출발점이자 귀결점이 되기 때문이다.

학생들이 던진 질문은 매우 다양하기 때문에 교사는 학생들이 던진 질문을 유목화하는 작업을 해야 한다. 그렇게 하면 아무리 많은 질문도 몇 가지 중요한 질문으로 압축되기 때문이다. 본 차시와 관련해 학생들이 던진 질문들을 다음과 같이 유목화해 보았다.

〈 학생들의 질문들을 유목화한 내용 〉

태양계의 구성원과 관련된 질문	다음 차시와 관련된 질문	태양계가 무엇인가와 관련된 질문
• 달도 태양계의 가족일까? • 태양도 태양계 구성원일까? • 지구의 위성인 달도 태양계에 속할까? • 태양으로 날아가는 듯이 보이는 파란색은 무엇일까? • 별은 왜 태양계에 속하지 않을까? • 별도 태양계에 포함시켜도 될 텐데 왜 분리했을까? • 별은 왜 태양계에 속하지 않을까? • 왜 태양계 행성에는 태양과 지구를 뺀 나머지 행성에 '성'이 들어갈까? • 달은 무엇으로 부를까? • 별과 행성은 같은 걸까? • 행성과 소행성의 차이점은 무엇인가?	• 처음에는 태양과 가까운데 왜 갈수록 행성 간의 거리가 멀어질까? • 태양의 크기는 어느 정도일까? • 행성은 왜 크기가 다를까? • 왜 태양은 크고 다른 것은 작을까?	• 태양과 주위 행성을 왜 태양계라고 할까? • 태양계에서 엄마 역할을 하는 것은 무엇일까?

✿ 학생들이 만든 질문을 공유하자

다음으로 학생들이 만든 질문을 공유하는 시간이 필요하다. 모둠 내 또는 전체 학생들을 대상으로 질문을 공유할 수 있는데, 나는 먼저 모둠 내에서 서로 공유한 후에 가능하면 전체적으로 질문을 공유하는 시간을 가지려고 노력하는 편이다. 왜냐하면 전체적으로 질문을 공유하는 시간을 가질 때, 교사의 입장에서 학생들이 어떤 질문을 만들었는지 확인할 수 있기 때문이다. 그리고 전체적인 수업의 흐름과 맥락을 미리 그려볼 수 있는 시간이 되기도 한다. 학생들 입장에서는 질문 공유 시간을 통해 자신이 만든 질문을 다른 학생들과 비교할 수 있는 기회가 된다. 자신이 만든 질문과 비슷한 질문을 만든 친구가 있는지, 아니면 자신만이 그 질문을 만들었는지 알게 된다. 그리고 자신이 만든 질문이 오늘 배울 학습 내용과 관련된 질문인지, 아니면 조금 동떨어진 내용인지를 학생 스스로 판단할 수 있다. 이런 시간을 통해서 학생들은 질문의 방향성과 질을 점차적으로 높여가게 된다.

이런 시간을 지속적으로 가지다 보면 학생들도 누구의 질문이 본문의 내용과 깊은 관련성이 있는지, 그리고 어떤 질문이 좋은 질문인지를 파악할 수 있는 능력이 향상된다. 특히 교사는 학생들이 질문을 만들 때 교실을 돌면서 누가 본 차시 내용과 직결되는 의미 있는 질문을 만들었는지 눈여겨보았다가, 전체적으로 질문을 공유할 때 그 학생의 질문을 공유하게 하면 유익한 질문 공유 시간을 갖게 된다.

Tips

★ **질문 공유 시간을 재미있는 활동으로 연결시켜요**

- 한 학생이 자신이 만든 질문을 공유할 때, 나머지 학생들이 듣고 있다가 그 질문과 유사하거나 혹은 서로 관련성 있는 질문이 있으면, '미투 Me too!'라고 하면서 손을 흔들게 한다. 이렇게 하면 교사는 그 질문과 관련된 질문을 누가, 몇 명 정도 만들었는지 한눈에 파악할 수 있다.

- 그런데 한 학생이 자신이 만든 질문을 공유할 때, 그 질문과 유사하거나 혹은 서로 관련성이 있는 질문이 없을 때는 다른 친구들이 그 질문을 던진 친구를 향해 손을 뻗으면서 '유 온리 You only!'라고 말하게 하면, 질문을 던진 친구가 으쓱해하면서 좋아하는 모습을 보게 된다.

- 모둠별로 질문을 만들 때도 같은 방식으로 진행한다. 한 모둠에서 자신들이 만든 질문을 발표할 때 다른 모둠에서 유사한 질문이나 혹은 서로 맥락이 닿아 있는 질문을 만들었으면, 모든 모둠이 이번에는 '위 투 We too!'라고 하면서 손을 흔들게 한다. 그렇지 않은 경우에는 그 모둠을 향해서 다른 모둠 친구들이 손을 뻗으면서 '유 온리 You only!'라고 말하게 한다.

질문을 만들 때 개인별로 세울 수 있는 작은 보드판에 적게 하면 좋다. 질문을 적었으면 먼저 모둠 친구들끼리 각자 만든 질문을 공유한 뒤에, 교사가 볼 수 있도록 앞쪽으로 방향을 돌려놓도록 안내한다. 그리고 교사가 만든 질문과 유사하거나 혹은 학습 내용과 가장 관련성이 있는 학생의 질문 보드판은 교탁 한가운데에 놓고 수업을 진행한다.

이때 교사는,

"오늘 수업에서는 ○○의 질문(교탁 한가운데 놓인 학생의 질문 보드판)을 해결하고자 해요. 우리가 함께 도와주면서 해결해보도록 합시다!"

라고 외치면서 수업을 진행하면 더욱 활기찬 수업이 된다.

〈 질문을 공유하고 있는 학생들 〉

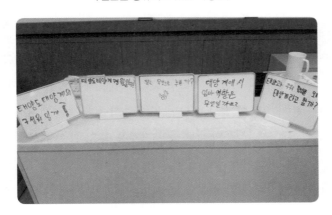

〈 수업에 활용되는 학생들의 질문들 〉

✦ 수업 전개는 이렇게 해요

〈 전개 부분과 교수 · 학습 활동 〉

단계	학습 내용	교수 · 학습 활동	자료 ♣, 유의점 ※, 인성 요소 인, 핵심 역량 역, 활동 유형 활
자유 탐색 탐색 결과 발표	핵심 질문 확인	■ 학습 질문 제시하기 ♣ 태양계의 의미와 구성 요소를 알아볼까요?	※ 학생들이 만든 질문을 중심으로 하되, 없는 경우에는 교사가 미리 만들어 놓은 질문을 제시한다.
교사의 안내에 따른 탐색	생각 넓히기 자료 탐색 및 기초 탐구	■ 생각 넓히기 ◎ 징검다리 질문: 태양계가 태양의 영향을 받는 천체라는 말은 무슨 뜻일까요? (태블릿 pc) • 교과서에 제시된 그림과 pc를 보고 징검다리 질문을 해결하기 위한 자료 탐색하기 ◎ 본질 질문: 태양계의 구성원에는 어떤 것들이 있나요? (과정중심 평가) • 임의 짝 활동을 통해 서로의 정보 공유하기	♣ ppt, 태블릿 pc 역 과학적 의사소통 역량 ※ 학생들이 스스로 태양계에 대한 의미를 찾을 수 있도록 추가적인 자료와 단서를 제시한다. ♣ 파랑, 노랑, 초록색 종이 활 임의 짝 활동
	생각 정교화하기	■ 생각 정교화하기 ◎ 적용 질문: 태양계 지구(행성)와 달(위성)의 관계를 몸으로 표현해볼까요? • 모둠별로 서로 역할을 정하여 몸으로 표현하기	※ 학생들의 오개념을 바로잡아준다. 인 공감, 협력

질문을 공유하는 시간이 끝나면 이제부터 본격적인 수업이 진행된다. 독자들은 지금까지의 과정을 보면서 어떤 생각을 하고 있는지 궁금하다. 아마 질문 수업은 본격적인 교수 · 학습 활동이 진행되기 전에 어느 정도의 시간이 더 필요하다는 것을 느꼈을 것이다. 동기 유발이 끝나고 나면 곧바로 학습 문제를 제시하는 일반적인 수업 형태와 조금 다르기 때문이다. 왜냐하면 학생들에게 질문을 만들게 하고 그것을 공유하는 시간이 필요하기 때문이다. 그러나 수업을 해보면 알겠지만 학생들이 질문 만들기에 익숙해지면 그 과정이 매우 단축될 수 있다.

본 차시의 질문 만들기 시간을 줄이려면 미리 질문을 만들어오게 하거나, 아침 자습 시간을 활용해서 질문을 만들게 하면 좋다. 나는 주로 질문을 미리 만들어오게 하는 방법을 선호한다. 미리 예습도 되고 정해진 수업 시간에 세심하게 살피지 못한 부분들을 꼼꼼하게 분석하면서 양질의 질문을 만들 수 있기 때문이다.

✿ 학습 질문을 던지자

학습 질문은 일반적인 수업 형태에서 말하는 학습 문제에 해당한다고 볼 수 있다. 단지 학습 문제는 '~해봅시다 (해보자)'로 표현하는 데 비해, 학습 질문은 그것을 질문식으로 제시한다는 차이가 있다. 그런데 과학의 경우에는 본 차시와 관련된 질문이 교과서에 제시되어 있다. 그래서 그 질문을 그대로 학습 질문으로 차용하기도 하지만, 경우에 따라서는 그 질문을 좀 더 구체화하거나 세밀화해서 제시하기도 한다.

우리가 지금 살펴보고 있는 태양계와 관련해서 들여다보면, 교과서에는 '태양계에는 어떤 구성원이 있을까요?'라고 제시되어 있다. 나는 이것을 학습 질문으로 재구성하여 '태양계의 의미와 구성 요소를 알아볼까요?'로 바꾸어 제시했다. 왜냐하면 해당 차시의 수업 내용상 태양계의 의미를 명확히 알아야 어떤 천체가 태양계에 속하고 그렇지 않은지를 제대로 이해할 수 있기 때문이다.

질문 수업에서 학생들에게 질문을 만들게 하는 이유는 학생들이 무엇을 알고 싶어 하고 궁금해하는지, 그리고 무엇을 잘 이해하지 못하고 오개념을 갖고 있는지 등 학습 내용과 관련한 다양한 맥락을 파악하기 위해서이다.

학생들은 자신이 알고 싶어 하고 궁금해하는 것에 더 많은 관심과 흥미를 가지고 수업에 임한다. 질문 수업에서는 학생들의 이러한 질문이 단지 동기 유발 차원에 그치지 않고, 교사가 적극적으로 수업에 활용하는 지점까지 나아가게 된다. 물론 모든 학생들이 던진 질문이 본 차시에 교사가 제시하는 질문으로 선택되거나 활용될 수는 없다. 그러나 학생들이 만든 질문 중에는 교사가 수업 중에 학생들에게 던지는 다양한 질문(학습 질문, 징검다리 질문, 본질 질문, 적용 질문 등)과 유사한 질문이 나오기 마련이다. 이런 질문을 교사는 적극적으로 수업에 활용해야 한다.

교사가 학생들이 만든 질문을 수업에 활용하고자 할 때, 꼭 한 학생이 던진 질문만을 활용할 필요는 없다. 한 학생이 만든 질문이 교사가 미리 만들어온 질문과 유사한 경우에는 곧바로 그 질문을 활용할 수 있다. 그렇지 않을 경우에는 두 명 혹은 그 이상의 학생들이 만든 질문을 서로 엮어서 교사가 만든 질문과 비교하면서 활용하는 것도 좋다. '태양계와 별' 차시에서 교사가 제시한 학습 질문이 '태양계의 의미와 구성 요소를 알아볼까요?'였다. 그런데 이와 동일한 질문을 만든 학생이 없을 경우, 학생들의 질문 중 태양계의 구성 요소와 관련된 질문과 태양계란 무엇인가(의미)에 대한 질문을 서로 연결해서 하나의 질문으로 만들어 제시하면 된다.

✿ 징검다리 질문을 던지자

본 차시의 학습 질문은 '태양계의 의미와 구성 요소를 알아볼까요?'이다. 그런데 일반적인 수업에서도 학습 문제를 해결하기 위해서 다양한 활동이 있듯이, 질문 수업에서도 이러한 활동과 유사한 질문들이 있는데, '징검다리 질문'과 '본질 질문'이 바로 그것이다.

질문 수업에서는 학습 질문을 제시한 후, 이를 해결하기 위해서 1~2가지 정도의 징검다리 질문과 1개 정도의 본질 질문을 던진다. 왜냐하면 학생들이 학습 질문을 곧바로 해결할 수 없기 때문에 제시된 학습 질문을 해결하기 위해서 일종의 단계를 밟아가는 질문이 필요하기 때문이다. 그것이 바로 징검다리 질문이고 본질 질문이며, 사실 학습 질문을 해결하기 위해서 가장 먼저 던지는 질문이 징검다리 질문이다.

그렇다면 '태양계의 의미와 구성 요소를 알아볼까요?'라는 학습 문제를 해결하기 위해서 가장 먼저 던져야 할 징검다리 질문은 무엇이 되어야 할까? 나는 학생들에게 다음과 같은 징검다리 질문을 던졌다.

'태양계가 태양의 영향을 받는 천체라는 말은 무슨 뜻일까요?'라는 질문이다.

교과서에서는 태양계의 의미를 '태양계는 태양의 영향을 받는 천체'라고 정의하고 있다. 본 차시에서는 궁극적으로 태양계의 구성 요소를 아는 것이 중요하지만, 그것을 제대로 이해하고 알기 위해서는 반드시 태양계의 구성 요소가 되기 위한 조건이 무엇인지를 알아야 한다.

그런데 학생들에게 태양계의 정의인 '태양의 영향을 받는 천체'가 무엇인지에 대해서 물어보면, 거의 대부분이 모르거나 혹은 '태양계란 태양 빛을 받는 천체'라고 잘못 이해하고 있는 경우가 대부분이다. 즉, 태양계를 태양 빛이 미치는 공간까지를 말하는 것으로 오해하고 있는 것이다.

태양계란 태양 빛이 미치는 공간을 말하는 것이 아니라 '태양 주위를 도는 천체'를 말한다. 그렇기 때문에 태양계의 구성 요소를 제대로 이해하기 위해서는 반드시 태양계의 의미, 곧 '태양의 영향을 받는 천체'가 무엇을 의미하는지를 필수적으로 알아야 한다. 그래야만 태양계의 구성 요소에 들어가는 천체와 그렇지 않은 천체를 명확하게 구별할 수가 있다. 이처럼 징검다리 질문은 학습 질문을 해결하는 데 반드시 필요한 역할을 하는 질문으로 제시되어야 한다.

따라서 학생들이 '태양계가 태양의 영향을 받는 천체라는 말은 무슨 뜻일까요?'라는 징검다리 질문만 제대로 이해해도, 앞에서 학생들이 만든 몇 가지 질문들이 곧바로 해결된다. 학생들이 만든 질문 중 '별은 왜 태양계에 속하지 않을까?'라는 질문이 있었다. 학생들이 '태양의 영향을 받는 천체'라는 의미가 태양을 중심으로 돌고 있다는 것만 제대로 이해한다면, 별은 태양을 중심으로 돌지 않기 때문에 태양계에 속하지 않는다는 사실을 알 수 있게 된다. 이렇게 징검다리 질문은 매우 중요한 역할을 하는데, 질문 수업에서는 교사가 학생들에게 던지는 질문 하나하나가 매우 중요하다.

여기서 한 가지 중요한 내용을 덧붙이고자 한다. 그것은 앞에서 학생들이 만든 질문 중에 '태양계가 태양의 영향을 받는 천체라는 말은 무슨 뜻일까요?'라는 징검다리 질문과 직간접적으로 연관성이 있는 질문이 있다는 것이다. 그것은 바로 앞에서도 언급했던, '별은 왜 태양계에 속하지 않을까?'라는 질문이다. 이 질문 자체가 징검다리 질문과 동일한 질문은 아니지만, 징검다리 질문을 해결하고 나면 자연스럽게 해결될 수 있는 질문이기 때문에 간접적으로 연관이 있다고 볼 수 있다. 이를테면 별이 태양계에 속하지 않는 이유는 태양계의 정의로 제시된 '태양의 영향을 받는 천체'가 아니기 때문이다.

그래서 이 질문을 '태양의 영향을 받는 천체가 무슨 의미일까?'라는 질문에 이어서 던지면, 학생들은 다양한 배움 대화를 통해서 서로의 의견을 주고받으며 이 질문을 해결하기 위해서 노력하는 모습을 볼 수 있다. 이처럼 징검다리 질문은 학생들이 만든 질문과 연계하여 제시하면 가장 효과적이다.

사실, 두 명의 학생이 '별은 왜 태양계에 속하지 않을까?'라는 질문을 했고, 이와 유사한 질문을 만든 학생이 한 명

더 있었다. '별도 태양계에 포함시켜도 될 텐데 왜 분리했을까?'라는 질문이다. 그만큼 학생들은 자신들에게 익숙한 별, 곧 어둠이 짙게 내린 밤하늘에 무수히 떠 있는 찬란한 별들이 왜 태양계에 속하지 않는지에 대해서 의문점을 갖고 있다는 것이다. 이러한 학생들의 의문점을 잘 간파해서 수업에 활용하면 아주 훌륭한 질문으로 탄생하게 된다.

✿ 징검다리 질문 해결의 단서를 교과서에서 찾아보자

태양계가 '태양의 영향을 받는 천체'라는 의미를 해결하는 열쇠는 교과서에 실린 그림 자료를 잘 분석해보면 알 수 있다. 이렇게 언급하는 이유는 학생들에게 '태양계가 태양의 영향을 받는 천체라는 말은 무슨 뜻일까요?'라는 징검다리 질문을 제시한 후에, 교사가 이 문제를 해결하기 위한 단서를 하나도 제공하지 않으면 학생들은 당황해하거나 막막해하기 때문이다. 따라서 문제 해결의 열쇠가 되는 중요한 단서를 제공하는 것이 중요하다.

교과서에는 태양계의 구성원을 담은 그림이 아래와 같이 제시되어 있다. 이 그림 자료를 보면 태양을 중심으로 모든 천체들이 돌고 있다는 사실을 확인할 수 있다. 그런데도 실제 수업을 해보면 학생들은 교과서를 제대로 참고하지 않고, 그저 자신들의 생각만을 서로 주고받는 경우가 많다. 교사는 학생들에게 교과서에 제시된 그림 자료를 잘 분석하면서 태양계가 '태양의 영향을 받는 천체'라는 의미를 구성해낼 수 있도록 안내하고 도와주는 역할을 해야 한다.

태양계의 의미

〈 교과서에 실린 태양계 사진 〉

 Tips

과학에 관한 많은 정보들을 담고 있는 유익한 사이트 중에 '사이언스레벨업'이라는 사이트가 있다. 주로 AR (Augmented Reality, 증강 현실)과 VR(Virtual Reality, 가상 현실)에 관련된 자료들이 많이 탑재되어 있는데, 전 학년 과학 수업과 관련한 유용한 과학 정보 및 자료가 많이 탑재되어 있어 교사들에게 매우 유익한 과학 사이트이다.

특히 이 사이트에서 찾은 태양계와 관련한 AR 자료를 활용하여, '태양계가 태양의 영향을 받는 천체'라는 사실을 학생들이 잘 이해할 수 있도록 도와주었다. 교과서에는 그림 자료로 제시되어 있지만, 증강 현실에서는 태양계를 중심으로 여러 천체들이 움직이는 동영상 자료가 나온다. 학생들이 태양계의 의미를 이해하는 데 매우 유용한 자료이다.

✿ 본질 질문을 던지자

본질 질문은 질문 명칭에서 알 수 있듯이 학습 질문과 가장 관련이 깊은 질문이다. 학습 질문이 '태양계의 의미와 구성 요소를 알아볼까요?'였는데, 이 질문에서 가장 중요한 내용은 태양계가 무엇을 의미하는지를 바탕으로 해서 태양계를 구성하고 있는 요소를 알아보는 것이다. 수업 도입 부분의 동기 유발 내용에서 태양계를 '가족'이라고 불렀다는 사실을 기억할 것이다. 학생들은 이미 앞에서 제시된 징검다리 질문을 통해 태양계에 속하는 천체는 반드시 '태양 주위를 도는 천체'여야 한다는 사실을 알았다. 이를테면 태양계 가족이 되려면 반드시 태양 주위를 돌아야 한다는 것이다.

이러한 사실을 바탕으로 가장 중요한 본질 질문을 제시하여 학습 질문을 해결하게 된다. '태양계의 구성원에는 어떤 것들이 있나요?'라는 본질 질문을 해결하기 위해서는 교과서에 제시된 그림과 관련 텍스트를 잘 읽어보고 분석하는 활동이 필요하다. 교과서에는 태양계의 구성 요소로 태양을 포함한 행성, 위성, 소행성, 혜성 등이 언급되어 있다. 이들 천체의 공통점은 말할 것도 없이 태양 주위를 돈다는 것이다.

그런데 학생들이 만든 질문 중에 '행성과 소행성의 차이점은 무엇인가?'라는 질문이 있었다. 본질 질문을 해결하는 과정에서 또다시 징검다리 질문을 추가로 던질 수 있는데, '행성과 소행성의 차이점은 무엇인가?'라는 질문이 바로 그것이다. 행성과 소행성은 모두 태양계의 구성 요소이므로 태양 주위를 돈다는 공통점이 있는데, 여기에서 '왜 어떤 천체는 행성이라고 하고, 어떤 천체는 소행성이라고 하는가?'라는 질문이 가능한 것이다.

이 질문을 교과서에 제시된 그림을 보면서 짝 대화나 모둠별 대화를 통해서 해결하게 하면, 본인의 경험상 한 반에 한두 명씩은 이해하는 학생들이 있다. 즉, 8개 행성 중에서 가장 작은 수성보다 작은 행성을 모두 소행성이라고 한다는 사실을 학생들은 발견해낸다. 참 신기하지 않은가? 이 말은 본질 질문에 대한 해답을 더 잘 이해하고 명확히 해결해가는 과정에서 추가적인 징검다리 질문을 제시해도 된다는 것이다.

본질 질문을 해결하기 위한 단서도 교과서에 잘 제시되어 있다. 이 차시의 경우에도 그림 자료나 텍스트 내용을 보면 태양계 구성원이 크게 5가지로 제시되어 있는데, 행성(8개), 소행성, 달(위성), 혜성 등이다. 그런데 중요한 천체 하나가 빠져 있다. 무엇일까? 바로 태양이다. 태양계는 그 명칭이 의미하듯이 당연히 태양을 포함해서 태양을 도는 천체를 가리키는 말이다.

〈본 차시에 제시된 본질 질문〉

〈학생들과 살펴본 태양계 가족 사진〉

본질 질문까지 해결하고 나면 학생들이 만든 질문 중 상당수가 해결된다. 한 학생이 '태양계에서 엄마 역할을 하는 것은 무엇일까?'라는 질문을 던졌는데, 학생들은 태양도 태양계에 속한다는 사실을 확인하고 나서는, '아, 태양계에서 엄마 역할을 하는 천체는 바로 태양이구나!'라는 사실을 자연스럽게 알게 된다. 또한 본질 질문을 해결하는 과정에서 '달도 태양계의 가족일까?', '태양도 태양계 구성원일까?'라는 질문도 자연스럽게 해결된다.

이처럼 질문 수업은 학생들이 던진 질문이 비록 교사가 제시하는 징검다리 질문, 본질 질문으로 채택되지 않았다고 하더라도, 교사가 제시한 질문들을 하나하나씩 해결하는 과정에서 자신들이 던진 질문이 자연스럽게 해결되는 사실을 직접 확인할 수 있다. 학습하는 과정에서 학생들이 품었던 수많은 의문점들이 풀리게 되는 것이다. 이것이 바로 질문 수업의 장점이다.

그런데 한 학생이 만든 질문 중에 '달은 무엇으로 부를까?'라는 질문이 있었다. 바로 위성에 대한 질문이다. '그렇다면 위성이 뭘까?'라는 질문으로 꼬리에 꼬리를 물고 질문이 이어진다. 교과서에 제시된 그림을 보면 달이 지구 주위를 도는 것을 볼 수 있다. 학생들 중에는 이미 책이나 관련 자료를 통해서 달이 지구 주위를 돈다는 사실을 알고 있는 경우가 많다. 이런 경우에 위성의 의미를 이해하기가 더 쉽다. 위성은 바로 지구와 같은 행성 주위를 도는 천체라는 것이다. 또한 달도 태양계 가족이니까 위성은 행성 주위를 돌면서도 태양을 도는 천체로 이해하게 된다. 이와 같이 학생들이 만든 질문은 본질 질문과 관련성이 많다. 그리고 본질 질문을 해결하는 과정에서 학생들이 만든 상당수의 질문들이 해결되는 것을 확인할 수가 있다.

✿ 적용 질문을 던지자

일반적인 수업의 경우 보통 2~3개의 활동을 한다. 이 활동들을 질문 수업의 질문들과 비교해보면 3개의 활동 중 1개는 징검다리 질문과 관련되고, 나머지 2개는 본질 질문과 적용 질문과 관련된다. 일반적으로 활동 3개 중에 학습 문제와 가장 밀접한 관련이 있는 학습 활동은 아마 활동2일 것이다. 물론 수업의 흐름과 맥락, 그리고 교사의 선호도에 따라 활동3으로 수업을 구성하는 경우도 있지만 대부분 활동2에 무게 중심을 두고 수업을 진행한다. 등산으로 말하자면 활동1은 정상, 곧 활동2로 가기 위해서 오르는 단계로 볼 수 있다. 그리고 활동2는 정상에 올라서 주변 환경을 조망하고 즐기는 부분으로, 학생들이 본 차시와 관련된 중요한 내용들을 마음껏 배우고 누리는 단계이다. 활동3은 등산에서 내려오는 단계로 볼 수 있으며 정상에서 보고 느낀 것을 서로 공유하며 나누는 활동이다. 질문 수업에서 본질 질문 다음에 제시되는 적용 질문은 활동3에 해당하는 질문으로, 본질 질문에서 배운 내용을 다각도로 적용하고 심화하며 나누는 질문으로 이해하면 된다.

그래서 나는 '태양계의 구성원에는 어떤 것들이 있나요?'라는 본질 질문 다음에 배운 내용을 학생들 상호 간에 서로 심화하고 나누며 내면화하는 내용으로, '태양을 도는 지구(행성)와 달(위성)을 몸으로 표현해볼까요?'라는 적용 질문을 던졌다. 왜냐하면 학생들이 달이 왜 태양계 가족인지 제대로 이해하지 못하는 경우가 있기 때문이다. 태양계 구성원들의 움직임을 몸으로 직접 표현해봄으로써, 태양계란 '태양을 도는 천체'라는 의미를 학생들 스스로 내면화시키는 데 도움을 주고자 했다.

학생들이 이 적용 질문을 해결하기 위해서는 모둠 활동이 적절하다. 이것을 몸으로 표현하기 위해서는 태양, 달, 지구 등 최소한 3명 이상의 인원이 필요하기 때문이다. 학생들은 달과 지구를 몸으로 표현하는 과정에서 달(위성)은 지구의 주위를 돌면서도 동시에 태양 주위를 돈다는 것을 눈으로 직접 확인할 수 있다. 그래서 달(위성)도 태양계 가족이라는 사실을 명확하게 이해하게 되는 것이다. 내 수업의 경우 본질 질문 다음에 제시하는 적용 질문은 주로 몸으로 표현하는 활동이나 혹은 배운 내용을 삶에 적용하고 좀 더 심화하는 형태로 제시된다.

나는 학생들이 모둠 활동을 할 때 각 모둠마다 어떤 의견과 생각들이 오고가는지 반드시 확인하는 편이다. 예컨대 '태양을 도는 지구(행성)와 달(위성)을 몸으로 표현해볼까요?'라는 적용 질문을 제시하고 난 후에, 학생들에게 모둠별 활동을 하게 한다. 그리고 각 모둠을 돌면서(이 활동은 과학실이나 복도, 그리고 근처의 공터에서 하게 했다), 모둠마다 어떻게 몸으로 표현하는지를 세심하게 관찰한다. 어느 모둠이 제대로 표현하고 있는지를 확인하기 위해서이다.

그리고 모둠별 활동을 발표시킬 때는 의도적으로 오류가 있는 모둠부터 하게 한다. 그렇게 하면 교사가 굳이 나서서 피드백을 하지 않더라도 학생들 스스로 각 모둠의 활동을 보면서 피드백을 하게 된다. 이를테면 자신들의 모둠과 다른 표현을 하거나 오류를 발견한 모둠에서는 어느 부분이 잘못되었다고 피드백하면서, 자기 모둠이 제대로 해보겠다고 나서는 경우가 있다. 그러면 그 모둠을 나오게 해서 활동하게 하거나 발표를 시킨다. 이러한 과정을 통해서 학생들 스스로 주어진 질문에 대한 해결점을 찾아가도록 한다. 이렇게 하면 수업이 훨씬 더 역동적이고 활력이 넘치게 된다.

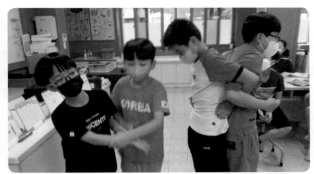

〈 모둠별로 발표하는 모습 〉

⚛ 수업 정리는 이렇게 해요

〈 정리 부분과 교수 · 학습 활동 〉

단계	학습 내용	교수 · 학습 활동	자료 ♣, 유의점 ※, 인성 요소 인, 핵심 역량 역, 활동 유형 활
탐색 결과 정리	학습 내용 정리	■ 친구들과 함께 만들어가기 ◎ 서로 배운 내용을 임의 짝끼리 설명하면서 나누기 ◎ 태양계 구성원을 노래가사로 만들어 부르기 ◎ 차시 예고하기 • 소행성, 혜성에 대해서 더 알아보기	인 협력, 소통

✿ 비주얼씽킹을 통해 서로 가르치게 하라

비주얼씽킹을 통해 서로 가르치는 활동은 학생들 입장에서는 질문 수업의 클라이맥스이며, 질문 수업을 질문 수업답게 만드는 가장 중요하고 핵심적인 활동이라 할 수 있다. 일반적인 수업 형태에서 정리하는 활동은 학습한 내용에 대해 학생들이 느낀 점을 발표하거나 혹은 교사가 학습 내용을 전체적으로 요약해서 제시하는 경우가 많다. 그러나 질문 수업에서는 비주얼씽킹을 통해 서로 가르치는 활동을 하며, 이 활동은 일반적인 수업 형태와 다른 다음과 같은 4가지 측면이 있다.

첫째, 학생들은 자신의 수준과 자신의 언어로 친구를 가르치면서 우선적으로 학습한 내용을 내면화하는 과정을 거치게 된다. 잘 알려진 바와 같이 자신이 직접 가르친 내용은 잘 잊어버리지 않고 오래 기억할 뿐만 아니라 망각 작용이 더디게 진행된다. 다음의 '학습 효율성 피라미드'가 그 사실을 명확하게 증명해준다. 다른 사람들을 가르치는 활동이 학습자가 학습한 내용을 가장 오래 기억하게 하고 학습 정착률도 가장 높다는 것이다. 이러한 맥락에서 비주얼씽킹을 통해 서로 가르치는 활동은 학습한 내용을 자신의 것으로 내면화하는 데 가장 효과적이고 적절한 활동이라고 할 수 있다.

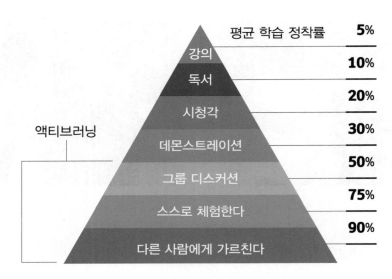

	평균 학습 정착률	
강의	5%	
독서	10%	
시청각	20%	
데몬스트레이션	30%	
그룹 디스커션	50%	
스스로 체험한다	75%	
다른 사람에게 가르친다	90%	

액티브러닝

〈 학습 효율성 피라미드, 출처: NTL(National Training Laboratories) 〉

둘째, 비주얼씽킹을 통해 서로 가르치는 활동은 학습한 내용을 자신이 제대로 알고 있는지 그렇지 않은지를 명확하게 확인하는 중요한 과정이 된다. 머릿속 지식으로만 알고 있거나 이해했다고 해서 실제로 알고 있다고 할 수는 없다. 왜냐하면 아는 것과 그것을 언어로 표현하는 것은 또 다른 차원의 문제이기 때문이다. 그러므로 아는 것을 실제로 말로 표현하는 과정에서 자신이 정말 알고 있는지 그렇지 않은지를 제대로 분별할 수가 있다. 따라서 비주얼씽킹을 통해 서로 가르치는 활동은 바로 자신이 제대로 알고 있는지, 아니면 잘못 알고 있거나 모호하게 알고 있는데 알고 있다고 착각하고 있는 것인지를 명확하게 각인시키는 과정이 된다.

셋째, 비주얼씽킹을 통해 서로 가르치는 활동은 다른 친구들의 비주얼씽킹 내용이나 생각을 들으면서, 그것이 자신의 생각과 다를 경우 또다시 질문을 던져 왜 그런지를 계속 묻고 대답하는 질문 수업의 연장선상에 있는 과정이기도 하다. 이러한 과정을 통해서 학생들은 서로의 내용과 생각에 대해서 피드백하면서 자신의 이해 수준과 이해의 지평을 더 확장하고 때로는 수정하는 기회로 삼게 된다. 그리고 종국적으로 서로의 생각과 아이디어를 공유하면서 이해의 지평을 융합하는 과정을 갖게 되는 것이다.

넷째, 비주얼씽킹을 통해 서로 가르치는 활동은 친구들의 비주얼씽킹 내용이나 그림을 보면서 또 다른 배움의 과정을 발생시킨다. 즉 자신의 비주얼씽킹과 다른 친구의 그것을 비교해보면서 더 효과적인 공책 정리 방법과 비주얼씽킹에 대해서 은연중에 깨닫고 배우게 된다.

자신이 알고 있는 내용을 일목요연하게 정리하는 과정은 매우 중요하다. 대체적으로 학업 성적이 우수한 학생들의 공책 정리는 그렇지 않은 학생들에 비해 훨씬 더 체계적이고 논리적이며 일목요연하다. 그렇기 때문에 비주얼씽킹을 통해 서로 가르치는 활동은 공책 정리에 자신감이 없거나 부족한 학생들에게 효과적으로 공책 정리하는 방법과 과정을 깨닫고 배우게 되는 또 다른 중요한 과정이 될 수 있다. 교사가 일일이 이렇게 하라 저렇게 하라 잔소리하지 않아도, 학생들은 서로의 공책을 보고 확인하는 과정을 통해서 자신의 부족한 점이나 결핍된 부분들을 확인하고 수정하는 기회로 삼는다.

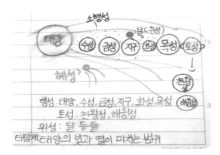 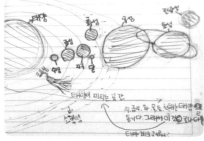 

〈 학습한 내용을 비주얼씽킹한 그림 〉

〈 비주얼씽킹한 내용을 서로 가르치는 모습 〉

질문이 있는 수업을 하면서 단원마다 궁금한 것이 있었는데, 선생님께 모르는 것을 물어보면 궁금한 게 많이 풀렸다. 확실히 질문이 있는 수업이 질문이 없는 수업보다 효과적이고 더 재미가 있다.

선생님께서 우리가 발표한 질문을 가지고 수업하는 것도 재미있다. 또 질문이 겹칠 때 손을 흔들며 "나도", 질문이 다를 땐 발표한 친구를 향해 손을 뻗으며 "너만"이라고 하는 활동들이 재미있었다. 그래서 월요일 과학 시간이 너무 기대된다.

3학년, 4학년 때는 과학이 너무 싫고 지루했는데, 질문이 있는 수업 덕분에 원래 싫고 지루했던 과학이 너무 재미있는 과목이 되었다. 공개 수업 날에는 보드에 질문을 적고 선생님께서 대답을 해주셔서, 과학이 재미있고 흥미 있는 과목이 되었다.

처음에는 '질문이 있는 수업이 뭐 하는 수업이지? 분명 과학인데 ⋯.'라는 생각이 들었는데 선생님과 함께 하니 질문이 있는 수업을 계속하고 싶고, 질문이 있는 수업에 흥미를 갖게 되었다. 다른 친구들도 질문이 있는 수업에 흥미를 더 많이 가지고 재미있게 적극적으로 참여했으면 좋겠다.

초롱이(가명)

옛날에는 과학 시간에 실험도 안 하고 질문도 안 받아서, 나만 못 알아듣는 것 같아 너무 속상했다. 과학은 늘 재미가 없고 귀찮은 수업인 줄 알았는데, 5학년이 되어 코로나가 잠잠해져서 실험도 하고 질문도 많이 받아 수석 선생님과 하는 과학 시간을 늘 기다리고 있다. 재미있게 가르쳐주시는 선생님에게 감사하고 질문을 하나하나 알려줘서 지금의 나로 성장을 했다.

나는 과학 시간이 즐겁다.

행복한 과학을 가르쳐주시고, 따분한 과학을 늘 재미있게 이끌어주셔서 선생님께 감사 드린다.

하늘이(가명)

Chapter 04

기발한 아이디어가 살아 있는 과학 글쓰기

기발한 아이디어가 살아 있는 과학 글쓰기

작은 과학자를 꿈꾸는 아이들

3월 초, 과학실에 들어온 학생들과 함께 다짐하고 약속하는 말이 있다.

"과학실 문턱을 넘는 순간 작은 과학자처럼 행동하고 작은 과학자처럼 생각해야 한다. 오늘부터 작은 에디슨이 되어보고, 작은 아인슈타인이 되어보는 거야!"라고 말이다.

기대감과 즐거움을 가지고 과학실 문턱을 넘은 학생들에게 약간의 책임감을 불어넣어 주는 순간이다. 학생들은 교실에서만 수업을 하다가 과학실에 들어올 때는 목소리가 한껏 높아져 있다. 높아진 그 목소리의 의미는 과학 수업에 대한 높은 기대감일 것이다. 과학실에는 무엇인가 신기한 것이 있고 재미있는 실험이 기다리고 있을 것이라고 잔뜩 기대를 하고 온다.

그런 기대감을 가지고 오는 학생들에게 '과학 글쓰기'를 하자고 하면 거부감부터 드러낸다. 글쓰기를 좋아하지 않는다는 뜻이다. 과학실에 실험하러 왔지 글쓰기 하러 왔느냐는 듯 쳐다본다. 이유를 물어보면 하나같이 자신은 글쓰기를 잘하지 못한다고 생각하고 있다.

글을 쓰라고 하면 그것이 시든 독후감이든 학생들의 질문은 단 한 가지이다.

"다 채워야 되나요?"

즉 분량에 대한 걱정이 우선이고 내용은 그다음 문제인 것 같다. 이것은 오랫동안 반복되어 온 습관이거나 글쓰기에 대한 무기력증일 것이다.

『글쓰기를 처음 시작했습니다』의 작가 고홍렬은 "글을 잘 쓰고 싶은 사람은 많지만, 글을 잘 쓰는 사람은 드물다. 글쓰기 책을 읽고 글쓰기 강의를 들어도 글이 늘지 않는 이유는 무엇일까? 배우기만 했을 뿐 실제로 글을 쓰지 않았기 때문이다. 글쓰기는 배울 수 없다. 쓰면서 터득할 뿐이다."라고 했다.

글쓰기는 배우는 것이 아니라 터득하는 것이라고 한다면, 글쓰기 방법을 가르쳐주지 않아도 된다는 말이다. 교사가 할 일은 학생들이 글쓰기를 즐겁게 할 수 있도록 분위기를 만들어주고 기회를 만들어주는 것만으로 충분할 것이다.

과학 수업과 글쓰기가 어울리네!

과학 수업과 글쓰기는 어울리지 않는 말일 수 있다. 학생들은 단순하게 주어진 주제를 가지고 순서에 따라 실험하고 실험 결과를 실험 관찰 책에 기록하는 것으로 과학 수업 과정이 끝났다고 생각한다. 과학 수업을 하면서 늘 아쉬운 부분이 바로 이 부분이다.

과학실에 오면 '동기 부여 → 실험 계획 세우기 → 실험하기 → 실험 결과 정리'가 끝이다. 과학을 본격적으로 배우는 초등학교 3학년부터 6학년까지 모든 단원이 똑같다. 이런 과학 수업 과정이 잘못되었다는 이야기가 아니다. 단지 학습한 결과를 되돌아보고 깊이 생각해보는 시간이 있었으면 하는 바람에서 과학 글쓰기를 시작하게 되었다.

초등학생에게 더구나 과학 시간에 전문 작가나 혹은 국어 시간처럼 글쓰기를 기대하는 것은 불가능하다. 기대해서도 안 된다고 생각한다. 과학 시간 글쓰기는 과학 글쓰기로 만족해야 한다. 한 시간 동안 학습하고 실험한 결과를 고민해보면서 자신의 생각을 자신의 말로 솔직하게 표현하도록 하면 된다. 전문 작가처럼 세련된 문장이 아니어도 괜찮다. 앞뒤가 바뀌어도 괜찮다. 세련되지 않고 투박하고 어색한 문장들이 글쓰기처럼 보이지 않을 수도 있지만, 중요한 것은 학습한 결과를 자신만의 언어로 표현하려고 시도해 본다는 것이다.

학생들이 학습에 재미있게 참여하고 약간의 고민만 더해진다면 자신만의 창의적인 글쓰기 결과물들이 나온다. 짧은 몇 마디의 글이 수업을 정리해 준다. 재미도 있다.

과학 교사용 지도서에서는 과학 글쓰기를 이렇게 설명하고 있다.

"과학 글쓰기는 과학을 하는 다양한 방식 중의 하나이다. 따라서 과학적 이해에 초점을 두고 학생들이 과학에 대한 풍부한 경험을 할 수 있도록 과학 글쓰기의 다양한 형태를 접할 수 있는 기회를 학생들에게 제공해야 한다.

초등학생의 인지 발달 단계와 과학에 대한 흥미나 관심 등을 고려했을 때, 초등학교에서 지도하는 과학 글쓰기는 과학에 친숙해질 수 있도록 상상이나 허구를 활용한 이야기식 글쓰기처럼 과학적 대상에 관한 글쓰기에서부터 시작하는 것이 적절하다."

(교육부, 과학 교사용 지도서, 2020)

과학에 대한 흥미나 관심을 가지게 하고 과학이라는 과목에 친숙해지도록 과학 글쓰기를 지도해야 한다는 의도가 담겨 있다. 이 글에서 말하는 과학 글쓰기는 초등학생의 발달 단계에 맞추어 과학 교과서 흐름을 바꾸지 않고 쉽고 재미있게 적용할 수 있는 방법들이다.

과학 글쓰기에 활용하고 있는 방법들은 이미 누군가에 의해 개발되고 다른 과목 혹은 다른 교실, 어느 선생님에 의해 사용되고 있을 것이다. 이런 방법들을 모아 과학 수업에 적용해보고 그 결과를 정리해 놓은 것이다.

✿ 과학 글쓰기를 즐기기 위해 이것만은 꼭 지키자

글쓰기는 어렵지만 재미있다는 생각을 심어 주어야 한다. 그러기 위해서는 꼭 지켜야 할 일이 있다.

첫째, 간단하게 적용할 수 있어야 한다. 단원 개관 활동과 단원 마무리 활동 시간에는 한 시간 전체를 활용하지만, 차시를 마무리하는 시간에는 수업을 마무리하는 활동으로 5분 안에 끝낼 수 있는 활동이어야 한다.

둘째, 짧은 시간에 무엇을 알고 있고 무엇을 할 수 있는지를 정리할 수 있어야 한다. 새로운 내용을 창조하는 활동이 아니다. 단원에서 혹은 차시에서 학습한 내용을 정리하는 활동이어야 한다.

셋째, 학습한 결과를 자신만의 언어로 표현할 수 있어야 한다. 당연한 이야기다. 다른 사람들과 같은 내용이 된다면 이미 아이디어가 아니다. 자신이 알고 있는 학습의 결과를 자신만의 언어와 방법으로 표현하면 된다.

넷째, 자신만의 언어로 표현한 것이기에 서로 인정해 주는 분위기가 만들어져야 한다. 글을 잘 쓰는 학생도 있고 글쓰기를 어려워하는 학생들도 있다. 모든 학생들이 전문가처럼 글을 잘 쓸 수는 없다. 조금 부족해도 격려하고 칭찬하면 자신만의 언어로 글쓰는 것을 두려워하지 않을 것이다.

아이디어가 살아 있는 과학 글쓰기의 시작

과학 교과서를 자세히 들여다보면 세 부분으로 나뉘어 있다. 교과서를 집필한 사람들은 의도를 가지고 집필을 했을 것이다. 그렇다면 수업도 의도를 알고 그 의도에 맞게 수업을 하는 것이 맞다.

아이디어가 넘치는 과학 글쓰기는 과학 교과서 내 단원의 흐름을 따라 세 가지 활동, 즉 단원 개관 활동, 차시 마무리 활동, 단원 마무리 활동으로 나누어 진행을 하였다. 단원의 첫 시간은 단원 전체에 어떤 내용이 담겨 있고 알아야 할 것은 무엇이며, 또 어떤 재미나는 실험이 있을까 등 숲 전체를 살펴보는 활동으로 구성하였다. 차시 마무리 활동은 학생들의 아이디어가 반짝반짝 빛나도록 구성하였고, 단원 마무리 활동으로는 단원에서 학습한 내용을 전체적으로 정리해볼 수 있도록 구성하였다.

과학 글쓰기!

다시 말하지만 국어 시간에 시나 설명문 쓰는 것처럼 잘 쓸 필요도 잘 쓰려고 하지도 말자.

그럼 시작해 보자.

⚛ 말間트기로 시작하는 첫 수업

학생들과의 첫 만남에서 작은 과학자가 되어보자고 약속은 했지만 무엇을 어떻게 해야 할지 막막한 학생들에게 교사는 구체적인 방법을 제시하고 익숙해지도록 해 주어야 한다. 첫 수업에 대한 경험은 호기심으로 이어지고 이후 과학 글쓰기 수업의 원동력이 될 것이다.

'말間트기' 활동은 굳게 입을 닫은 학생들이 말을 할 수 있게 하는 것이다. 학생들은 재미있고 관심이 가는 주제를 선택해야 입을 열 것이다. 교사가 일방적으로 정해줄 수도 있지만 학생들과 함께 주제를 정해보는 것도 참여를 높이는 방법 중 하나가 될 수 있다. 3·4학년의 경우는 좀 더 쉬운 주제를, 5·6학년은 사고를 요하는 주제를 선택하면 될 것 같다.

초등학교에서 '말間트기' 활동 주제로 적당한 것을 제시해보면,

- 가장 생각나는 선생님(30초)
- 지난 학년에서 가장 즐거웠던 일(50초)
- 가장 가지고 싶은 것(60초)
- 나의 꿈(90초)
- 처음 만난 친구들에게 꼭 하고 싶은 말(45초)

등이 있다. 주제별 주어지는 시간은 교사가 적절하게 정하면 된다. 너무 짧지도 길지도 않아야 한다. 30초에서 90초가 적당하다.

진행하는 방법은 복잡하지 않고 간단하다. 다음 주어진 순서대로 진행하면 된다.

준비물 : 초시계
① 모둠별로 모든 구성원이 한 주제씩 선택한다.
② 글을 쓰고 생각하는 시간을 5분~10분 정도 준다. (시간은 교사가 조정할 수 있다.)
③ 모둠별로 같은 주제를 선택한 사람들이 함께 나온다.
④ 1명씩 발표하고 시간을 측정한다.
⑤ 제한된 시간에 가장 근접하게 발표한 학생 순으로 점수를 부여한다. 예 5, 4, 3, 2, 1
⑥ 문제별로 점수를 모아 점수가 제일 많은 팀이 승리한다.

학생들에게 90초라는 시간은 생각보다 길게 느껴질 수도 있다. 주어진 시간이 남거나 모자라는 학생들이 많겠지만 정확히 끝내는 학생들도 있을 것이다. '말間트기' 시간에 더 잘한 학생이란 없다. 잘하고 못하고 상관없이 발표를 한 학생 모두가 주인공이 되도록 칭찬과 격려를 해 주어야 한다.

⚛ 단원 개관＝숲 관찰! 이렇게 해보자

과학 수업에서 단원을 개관하는 활동은 단원의 전체 내용을 알아보는 매우 중요하면서 꼭 해야 하는 학습 활동이다. 단원 개관 활동을 하지 않고 바로 실험 수업으로 들어가면 학생들에게 단원 전체 구성이 어떻게 되어 있고 무엇을 배워야 하는지를 모르고, 실험만 열심히 하는 결과를 가져오게 된다. 즉, 숲 전체를 보지 않은 채 나무만 열심히 찾아다니는 것과 같다.

단원 개관 활동은 교사의 교육과정 해석(성취기준 읽기) 능력이 필요한 활동이다. 단원에서 중요한 것이 무엇이고 꼭 해야 하는 필수 실험은 무엇이며, 알아야 하는 중요 낱말은 무엇인지 알고 준비해야 한다. 이 과정을 통해 학생은 물론 교사가 먼저 단원 전체를 바라보는 안목이 생기게 되고 학생들은 흥미와 호기심을 가질 것이다.

낱말과 구절을 찾고 그 활동 결과를 가지고 예상을 하는 활동이므로 '숨은 낱말을 찾아라'라고 활동의 이름을 정해 보았다. 교사는 활동지를 준비하고 학생들은 교과서와 실험 관찰, 자와 연필을 준비하면 된다.

교사가 활동지를 만드는 과정은 다음과 같다.
① 낱말을 선택하기 전에 단원 전체 내용을 충분히 살펴본다.
② 성취기준을 참고로 하여 중요한 낱말이나 구절을 선택한다.
③ 선택한 구절이나 낱말이 중요 낱말과 구절인지 확인한다.
④ 선택한 낱말과 구절을 교과서의 순서대로 표에 차례로 입력한다. 순서대로 제시해 놓지 않으면 낱말이나 구절을 찾지 못하거나 찾는 데 많은 시간이 필요하다.

⑤ 3 · 4학년은 가로 5, 세로 5, 25칸, 5 · 6학년은 가로 6, 세로 6, 36칸이 적당하다.

⑥ 학년이나 학급 학생들의 수준에 따라 칸수를 선택하거나, 처음에는 칸 수를 적게 하고 점차 늘려나가는 것도 한 방법이다.

활동지가 완성되면 오탈자가 없는지 바꿔야 할 것은 없는지 확인한 후 학생들에게 나눠준다.

준비물 : '숨은 낱말을 찾아라' 활동지

① 활동지에 제시된 낱말이나 구절을 찾아 밑줄을 긋고, 활동지에 ○ 표시를 해보자.

② 학생들이 찾아 ○ 표시한 낱말이나 구절을 잘 살펴보게 한다.

③ 그중에서 중요하다고 생각되는 것, 꼭 알고 싶은 것, 실험해보고 싶은 것, 관심이 가는 것 5가지 (혹은 ○가지. 교사가 선택 가능)를 선택한다. 3 · 4학년은 선택하는 수를 적게 해도 된다.

④ 선택한 낱말이나 구절을 이용하여 단원에서 학습할 내용을 예상 문장으로 만든다.

⑤ 예상한 문장을 모둠에서 돌아가며 발표한다.

⑥ 다른 사람이 예상한 것과 자신이 예상한 것을 비교하며 듣고, 단원에서 학습할 내용을 다시 정리해보자.

단원 개관 활동은 교사가 열심히 준비하는 만큼 학생들도 열심히 찾고 예상 활동을 재미있게 하며, 이후 차시 학습 활동에도 흥미와 호기심을 가지고 참여할 것이다. 무엇을 할지 기대하고 기다려지는 수업이라면 분명 배움이 일어나는 성공적인 수업이 될 것이다.

다음 활동지 예시 자료는 3학년 1학기 5단원 '지구의 모습' 단원이다.

숨은 낱말을 찾아라

과학	5. 지구의 모습	단원의 학습 내용과 활동을 예상하여 봅시다.

과학 102쪽–125쪽을 읽으면서 아래에 제시된 낱말들을 찾으세요. 왼쪽부터 오른쪽으로 순서대로 중요 구절이나 낱말들이 나옵니다. 찾아서 자를 이용하여 밑줄을 긋고, 표에서 찾은 낱말에 ○표 하세요.

지구의 모양과 표면의 모습을 설명할 수 있어요.	지구의 육지와 바다의 특징을 설명할 수 있어요.	지구에서 공기가 하는 역할을 설명할 수 있어요.	지구와 달의 특징을 비교할 수 있어요.	지구 모습 카드
지구와 달에 대하여 알고 있는 것과 궁금한 것	지구의 모양 관찰하기	지구본을 관찰	우주에서 찍은 사진을 보면 지구가 둥근 모양	지구의 표면은 어떤 모습
다양한 지구 표면의 모습 알아보기	산, 들, 강, 호수	지구의 육지와 바다 넓이 비교하기	추리	지구본 퍼즐 조각
분류	바닷물의 특징	바닷물과 육지의 물이 어떻게 다른지 설명	공기가 어떤 역할을 하는지 알아볼까요?	지구를 보호
달의 모양과 달의 표면 관찰하기	달의 바다	지구와 달의 환경에서 공통점과 차이점	생물이 살 수 있는 지구의 특징	물과 공기

■ 5과 '지구의 모습'에서 학습할 내용을 예상하여 봅시다.(5가지 정도 선택하여 예상하기)

'5. 지구의 모습' 단원에서는

지구의 모양과 표면의 모습, 지구의 육지와 바다의 특징, 지구와 달의 특징을 비교하고,

지구의 모양 관찰, 지구와 달의 환경의 공통점과 차이점을 학습할 것이다.

_____

_____

한 번 더 생각하는 차시 마무리 활동

초등학교 교실에서 일반적으로 이루어지는 수업 마무리 활동을 살펴보면 다음과 같은 내용 등을 활용하고 있다.

- 학습을 하면서 느낀 점
- 학습을 하면서 재미있었던 점
- 학습을 하면서 아쉬웠던 점
- 학습을 하면서 알게 된 점
- 학습을 하면서 더 알고 싶은 점

10년 전에도 그랬고 그전에도 그랬을 것이다. 30년 전 교생 시절 초등학교 2학년 학생들을 데리고 수업 공개를 한 적이 있었다. 그때 사용했던 교수·학습 과정안을 봐도 수업 마무리 활동은 같았다. 30년 동안 변화가 거의 없다. 학습한 내용을 마무리하는 활동이기에 어쩌면 당연한 것이지만 변화를 주어도 괜찮지 않을까?

이러한 학습 마무리 활동이 결코 잘못된 것은 아니지만, 옳고 그름을 떠나 소극적인 학습 마무리 활동이라고 생각한다. 학생들이 수업 내용에 대해 더 고민하고 생각할 수 있는 기회를 주었으면 하는 바람이다. 학습한 내용을 끄집어내어 정리하고 자신만의 생각이 담긴 언어로 발표하도록 기회를 주는 것도 좋은 마무리 활동이라 생각한다.

교사에게 많은 준비는 필요하지 않다. 그냥 평소처럼 하되 말만 살짝 바꿔 주면 된다. 그러면 학생들은 재미있어하고 흥미와 호기심을 가지고 수업 마무리 시간을 기다리게 되고 변화가 일어난다.

학습 마무리 활동 단계에서 활용할 수 있는 과학 글쓰기 방법을 정리해보면 다음과 같다.

- 사자성어로 나타내기
- 주어진 문장 완성하기
- 20글자로 쓰기
- 2개의 낱말을 관련지어 문장 만들기
- 사행시 짓기
- 한 컷 만화 그리기

학습 마무리 활동 예시 자료로 활용한 수업과 학습 목표는 6학년 1학기 3단원 '여러 가지 기체' 단원 중 '3/12차시'이고, 학습 목표는 '산소의 성질을 확인하는 실험으로 성질을 설명할 수 있다.'이다.

⚛️ 사자성어로 나타내기

사자성어는 오래전부터 사용해왔고 앞으로도 사용될 것이다. 사자성어가 이처럼 오랫동안 사용될 수 있었던 이유는 기억하기 쉽고, 네 글자의 짧은 말속에 많은 뜻을 담고 있기 때문일 것이다. 학생들이 알고 있는 사자성어를 나열해 보면 감지덕지, 개과천선, 결초보은, 다다익선, 동문서답 등 무수히 많다. 사자성어 만들기 활동은 누군가에 의해 만들어지고 끊임없이 사용되고 있는 말이라면, '그 누군가가 학생이 될 순 없을까?'라는 생각에서 출발한다. 그것도 과학수업에서? 가능하다. 교사와 학생이 조금만 더 마음을 열 수 있다면 충분히 가능하다. 지금까지 듣지도 보지도 못했던 아이디어가 학생들에게서 나올 수 있다.

'사자성어로 나타내기'는 이렇게 해보자.

---

① 이번 시간에 학습한 내용을 조용히 생각해보자.

　　무엇이 중요하고 핵심적인 낱말은 어떤 것이 있을까에 집중해보자.

② 정리한 내용으로 반짝반짝 빛나는 아이디어를 담아 사자성어를 만들어보자.

③ 학생들에게 1~2분 혹은 2~3분의 시간을 주자. 긴 시간은 필요치 않다.

④ 학생들이 만든 사자성어! 어떤 반짝이는 아이디어가 담겨 있는지 들어보자.

⑤ 학습 내용과 관련된 것이면 무조건 칭찬해주자.

학생들이 만든 재미있는 사자성어를 소개하면 다음과 같다.

- 생명유지 : 산소는 인간들이 생명을 유지하기 위해 꼭 필요한 것이다.
- 산소생명 : 생명을 유지하는 데 꼭 필요한 것이 산소
- 인생도산 : 인간들의 생활에 여러 가지 도움을 주는 산소
- 있고없고 : 있는 것은 다른 물질이 타도록 하는 성질과 금속을 녹슬게 하는 성질이 있고, 없는 것은 색깔과 냄새이다.

학생들의 결과물은 어떻게 보면 지금껏 들어본 적이 없는, 사실 국어 문법상 맞지 않는 말들이다. 하지만 문법적으로 맞나 틀리나를 따지면 과학 글쓰기는 포기해야 한다. 과학 글쓰기는 그냥 과학 글쓰기다. 그냥 그대로 인정해주자. '꿈보다 해몽'이라고 했다. 그 대신 학생들의 설명을 반드시 들어보아야 한다. 그래야 학생들이 만든 '사자성어'를 '아하!' 하고 이해할 수 있다.

✿ 문장 완성하기

이번 시간에 학습한 내용 중 학생들이 '이것만큼은 꼭 알고 있어야 한다'고 생각하는 것을 골라 문장 완성하기 문제로 제시해야 한다. 그래야 학생들도 '이것이 중요하구나'라고 생각하게 된다. '문장 완성하기' 방법을 알아보자.

---

① 학습한 내용을 생각하며 정리하도록 시간을 주자.

② 정리한 학습 내용을 가지고 주어진 문장을 완성하도록 하자.

③ 학생들에게 1~2분 혹은 2~3분의 시간을 주자. 학생들도 시간이 필요하다.

④ 문장을 완성했으면 왜 그렇게 생각했는지 이유를 적도록 하자.

⑤ 다른 학생들이 발표하는 것을 듣고 자신의 것과 비교하는 과정은 필수!

⑥ 교사가 제시하는 낱말은 이번 시간에 학습한 가장 핵심적인 낱말이어야 한다.

'산소는 (   )이다. 왜냐하면 ……'에 대한 학생들의 반응은 다양하다. 이유도 재미있다.

• 산소는 (모란꽃)이다. 왜냐하면 모란꽃은 냄새가 나지 않아 주위에 벌이나 나비가 없어서, 냄새가 나지 않는 산소와 비슷한 것 같다.

• 산소는 (무지개)이다. 왜냐하면 산소는 색깔과 냄새가 없고 물질이 타도록 도와주며, 철을 녹슬게 하는 등 여러 가지 성질을 가지고 있기 때문이다.

• 산소는 (가족)이다. 왜냐하면 늘 항상 내 옆에 있고 날 지켜주기 때문이다.

• 산소는 (공익)이다. 왜냐하면 사람들이 숨을 쉴 수 있게 해주고, 물질이 타도록 도와주는 역할을 하기 때문이다.

학습한 내용을 알아야 문장을 완성할 수 있고 이유도 설명할 수 있다. 알게 된 점을 설명하는 마무리 활동도 좋지만, 한 번 더 생각하게 하는 마무리 활동이 더 멋진 수업이지 않을까?

✨ 20글자로 쓰기

'사자성어로 나타내기' 활동과 비슷하지만 사자성어가 설명이 필요한 반면, '20글자로 나타내기'는 설명이 필요 없다. 결과물 그 자체가 수업 내용에 대한 설명이 되어야 한다. 교사가 할일은 별로 없다. 그냥 글자 수를 정해주고 들어주고 격려해주면 된다.

띄어쓰기나 쉼표 등은 글자 수에 들어가느냐 안 들어가느냐로 질문이 많다. '20글자로 나타내기'는 글자만 정확하게 20글자가 되어야 한다. 더해도 빼도 안 된다. 다른 수업 마무리할 때는 글자 수를 늘리거나 줄이는 것은 가능하다.

'20글자로 쓰기' 활동 방법을 알아보자.

> ① 학습한 내용을 생각하며 정리해보자.
> ② 정리한 내용을 가지고 '20글자'로 나타내도록 하자.
> ③ 학생들에게 1~2분, 부족하면 2~3분의 시간을 주자.
> ④ 띄어쓰기, 쉼표, 마침표 등은 글자 수에 들어가지 않는다는 것을 명심하자.
> ⑤ 글자 수가 남거나 모자라는 것은 인정하지 않는다.(글자 수는 다양하게 줄이거나 늘려 적용할 수 있다.)

'나에게 과학이란?'이란 주제로 '20글자로 쓰기'를 해보았다. 학생들의 반응이 멋지다.

> • 실험은 재미있지만 실험 관찰 쓰기는 귀찮은 과목
> • 이해하면 끝나 있고 이해 못하면 끝나지 않는 과목
> • 멀어질수록 모르겠고 다가갈수록 알게 되는 친구
> • 쉽다고 생각하면 쉽고 어렵다고 생각하면 어려움
> • 어렵긴 하지만 새로운 생각들을 만들게 하는 마술

20글자 안에 학생들의 속마음이 고스란히 담겨 있다. 글자 수를 맞추기 위해 노력했겠지만 '20글자 속에 무엇을 담을까?'에 대한 고민은 더 깊지 않았을까?

과학 글쓰기는 활동의 결과로 나오는 결과물보다 결과물을 만들어내기 위해 사고하는 과정을 더 중요하게 생각해야 한다. 그냥 단순하게 나오는 결과물이 아니라 학생 자신의 삶이 묻어나 있는 것이다. 그러므로 교사는 결과물을 소중하게 생각해야 하고 학생들의 생각을 존중해야 한다.

⚛ 2개의 낱말을 관련지어 문장 만들기

수업 관련 낱말과 비수업 관련 낱말을 제시해주고 관련지어 문장을 만드는 활동이다. 수업 관련 낱말은 학습한 내용 중 꼭 알아야 할 것 중에서 선택하고, 비수업 관련 낱말은 학생들이 친숙하게 생각하는 것들 중에서 선택하는 것이 좋다. 전혀 관계없는 2개의 낱말을 관련지어 문장을 만든다는 것은 쉽지 않은 일이다. 깊이 생각해야 하는 활동인데, 수업 관련 낱말에 대한 이해와 비수업 관련 낱말에 대한 이해가 동시에 이루어져야 가능한 일이다.

① 학습한 내용을 생각하며 정리해보자.
② 학습한 내용을 가지고 반드시 2개의 낱말을 관련지어 문장 만들기를 하자.
③ 학생들에게 1~2분 혹은 2~3분의 시간을 주자.
④ 수업 관련 낱말이 비수업 관련 낱말과 어떻게 관련되어 문장이 만들어졌는지 비교하면서 듣도록 하자.

수업 관련 낱말로 '산소', 비수업 관련 낱말로 '부모님'을 제시하고 일부 학생들에게는 아버지, 학교, 거울 등 자신에게 친숙한 생활 속 낱말들을 사용하여 관련지어 문장을 만들도록 해보았다.

학생들은 수업 관련 낱말에 집중하기보다는 비수업 관련 낱말이 더 친숙하기 때문에 집중하는 경향이 있다. 따라서 두 개의 낱말이 균형을 이룰 수 있도록 문장 만들기를 지도해야 한다.

• 산소 + 부모님
부모님은 스스로를 빛내지 않고 우리가 빛나게 해주신다. 하지만 어떨 때는 말이나 행동으로 우리의 마음을 녹슬게 한다. 또 산소가 숨 쉬는 것을 도와주는 것처럼 부모님은 우리가 힘든 일이 있을 때 도와주신다.

• 산소 + 아버지
아버지는 자식인 우리들을 위해 스스로를 위해서는 아무것도 사지도 않고 돈을 잘 쓰지도 않는다. 산소는 스스로 빛을 내지 않고 타지도 않지만 다른 물체가 잘 타도록 도움을 준다.

• 산소 + 학교
내가 훌륭하고 똑똑하고 멋있게 크도록 학교가 도와주는 것 같이, 산소는 불이 붙도록 도와주는 역할을 한다.

⚛ 사행시 짓기

자신의 이름으로 삼행시 짓기, 대한민국으로 사행시 짓기 등은 누구나 한 번쯤은 해보았을 것이다. 경험이 있는 만큼 쉬울 수도 있지만 학습한 내용만으로 소재를 제한해 사행시를 짓는다는 것은 글의 중심 재료가 제한적이어서 쉽지만은 않은 것 같다. 사행시는 짧은 글이지만 시를 짓는 것만큼의 고민이 필요하다. 어려워서가 아니라 학습 내용을 가지고 한다는 것이 익숙하지 않기 때문이다. 처음에는 어렵겠지만 매 차시마다 마무리 활동으로 하다보면 점차 익숙해지고, 익숙해지면 즐거움도 생길 것이다.

'사행시 짓기'로 하는 마무리 활동 방법을 알아보자.

① 학습한 내용을 정리해보자.
② 주어진 낱말을 학습한 내용과 관련지어 사행시를 짓도록 안내한다.
③ 학생들에게 1~2분 혹은 2~3분의 시간을 준다.
④ 완성된 사행시를 발표해보자.

• **산**소는 산에서 풀을 뜯는
소와 같은 동물들도 마시고 사람도 마시는 기체입니다.
성질은 여러 가지가 있습니다. 색깔과 냄새가 없고 다른 물질이 타도록 도와줍니다.
질적으로 이산화탄소와는 반대입니다.
• **산**소의 성질은
소리가 나지 않고 색깔과 냄새가 없습니다.
성질 중에 가장 대표적인 것은 우리가 숨을 쉬는 것이죠.
질 나쁜 공기를 맡으면 건강에 좋지 않습니다.

5학년 2학기 5단원 '산과 염기' 단원 중 산성 용액과 염기성 용액의 성질을 학습한 후 만든 사행시 결과물이다. 학습한 내용을 사행시로 잘 정리하였다.

• **산**성 용액은 변기용 세제에도 들어 있고
과일인 레몬도 산성이다.
염기성 용액은
기다리면 술 드시고 밤 늦게 오시는 아버지가 드시는 제산제에 있다.

✺ 한 컷 만화 그리기

만화 그리기 활동은 학생들이 좋아하는 활동 중 하나이다. 내가 좋아하는 만화를 보고 좋아하는 장면을 연습장에 따라 그려본 경험은 누구나 가지고 있다. 한 컷 만화의 힘을 생각해 보자. 만화 한 컷이 주는 힘은 영화 한 편일 수도 있고 소설책 한 권일 수도 있다. 이 활동은 그림을 잘 그리는 사람만의 전유물은 아니다. 누구나 할 수 있다. 따라서 그림을 못 그려도 괜찮다. 그림 실력이 중요한 게 아니라 과학 글쓰기 활동이기 때문이다.

한 컷 만화 그리기 활동은 이렇게 해보자.

> ① 학습한 내용을 생각하며 정리해보자.
> ② 학습한 내용과 관련된 한 컷 만화를 그려보자.
> ③ 5분 정도의 시간을 주고 발표해보자.
> ④ 완성된 한 컷 만화는 칠판에 전시하여 모든 학생들이 감상하도록 하자.

한 컷 만화 그리기 활동을 시작하면 바로 질문이 들어온다. "선생님! 졸라맨으로 그리면 안돼요?"이다. 에휴, 남학생들의 '졸라맨' 사랑은 유별나다. 무슨 그림이든 졸라맨으로 통일하고 싶어한다. 쉬워서 그럴 것이다. 처음부터 못하게 하는 것이 옳을까, 아니면 차차 다른 그림으로 수정해 나가도록 지도하는 것이 좋을까? 나는 많은 고민 끝에 후자를 선택했다. 학생들도 행복하고 교사인 나도 행복한 길을 선택했다고 생각한다. 중요한 것은 과학 글쓰기니까!

단원 마무리 활동은 이렇게!

단원 마무리 활동은 단원을 학습하는 동안 학습한 내용들을 돌아보고 마지막으로 정리해야 하는 중요한 활동이다. 3학년부터 6학년까지 과학 교과서의 단원 마무리 활동은 마인드맵 형식으로 제시되어 있다. 3·4학년의 경우는 마인드맵 형식에 스티커를 붙이는 활동이 있고, 5·6학년은 완성된 마인드맵을 확인하고 실험 관찰에서 완성하는 형식이다. 실험 관찰은 3~6학년 모두 선택형 문제와 단답형 문제, 서술형 문제를 푸는 방법을 선택하고 있다. 여기서 학생들의 사고 활동은 마인드맵을 완성하는 것을 제외하고는 내가 생각하고 기대하는 깊은 사고 활동이 일어나지는 않는다. 알고 있는 것을 적는 것에 불과할 뿐이다.

교과서와 실험 관찰에 있는 단원 마무리 활동의 아쉬움을 보완해보고자 활용한 과학 글쓰기 방법은 다음과 같다.
• 네 컷 만화 그리기
• 폴딩북 Folding Book 만들기
• 이야기 만들기는 모둠이 함께!
• 모둠이 함께 퍼즐을 만들어보자

단원 마무리 활동은 차시 마무리 활동과는 다르게 한 차시 전체를 마무리 활동으로 활용한다. 한 차시 내내 활동하면 시간이 많은 것 같지만 학생들은 늘 부족해한다. 아마 조금이라도 더 잘하려고 하는 마음에서 그럴 것이다. 교사는 한 차시를 어떻게 사용할 것인지 미리 구상해 놓아야 한다. 주어진 시간을 효율적으로 사용해야 하므로 '계획 → 활동 → 발표'까지 미리 생각해 두자. 단원 마무리 활동은 개인별 활동도 가능하지만 모둠 활동도 가능하다.

⚛ 네 컷 만화 그리기

한 컷 만화에서도 언급했지만 학생들이 좋아하는 활동 중 하나이다. 네 컷 만화는 한 컷 만화보다는 내용적으로 여유가 있지만, 단원 전체를 정리해야 하는 부담감도 있다. 학습한 내용 중 어느 것을 넣고 어느 것을 뺄 것인가를 스스로 혹은 모둠이 선택해야 한다. 그 선택을 하기 위해서는 학습 내용 정리가 잘되어 있어야 하고, 어느 것이 더 중요한지를 알고 있어야 한다.

네 컷 만화 그리기 활동은 이렇게 해보자.

① 학생들과 단원에서 학습한 내용을 핵심 낱말 중심으로 정리하자.
② 네 컷 만화로 단원을 정리한다면 어떤 내용이 꼭 들어가야 할지 생각해보자.
③ 네 컷 만화를 완성할 수 있도록 충분한 시간을 주자.
④ 완성된 네 컷 만화를 모둠에서 발표하고, 칠판에 게시하여 다른 학생들과 공유하자.

시간적인 여유가 있다면 개인별로, 시간적 여유가 부족할 때는 모둠별로 해도 큰 무리는 없다. 모둠별로 활동할 때는 어떤 그림으로 주인공은 누구로 할지, 제일 중요한 내용을 어떻게 넣을 것인가를 고민하는 협업 과정이 꼭 필요하다. 평가 관점은 '단원에서 학습한 내용을 관련지어 표현하고 있는가?'가 되어야 한다. 또한 협업을 어떻게 하고 있는지 교사의 관찰과 학생들의 상호평가로 이루어져야 한다.

〈네 컷 만화 그리기 예시〉

🔬 폴딩북 Folding Book 만들기

폴딩북 만들기 활동은 이야기책 꾸미기 시간에 많이 하는 활동이지만 과학 단원 정리 활동 시간에 활용해도 좋은 활동이다. 생활 속 혹은 동화 속 장면들과 관련짓는 활동을 통해 학습한 내용을 정리하고 내면화하는 데 좋은 활동이다.

폴딩북 만들기 활동은 모둠 협동으로 이루어지는 '이야기 만들기' 활동과 비슷하지만, 다른 점은 개인 활동으로 이루어진다는 점이다. 단원에서 학습한 내용과 친숙한 동화책, 학습한 내용과 생활 속 장면을 관련지어 글을 쓰게 하는 것도 좋은데 형식은 학생 자율에 맡겨도 좋을 듯하다.

폴딩북 만들기 활동은 짧은 내용이지만 자신의 힘으로 한 권의 책을 완성하는 활동이다. 새내기 작가로의 꿈도 심어줄 수 있다.

준비물 : 폴딩북

① 단원에서 학습한 내용을 개인 혹은 모둠별로 정리해보자.

② 이야기를 꾸밀 때 들어갈 핵심적인 내용을 정리해보자.

③ 단원에서 학습한 내용으로 이야기를 꾸며보자.

④ 완성된 폴딩북은 잘 보이는 곳에 전시하여 다른 학생들이 읽을 수 있게 하자.

⑤ 평가는 글이 얼마나 학습 내용과 관련지어졌는지에 중점을 둔다.

다음은 5학년 2학기 5단원 '산과 염기'를 백설공주와 관련지어 만든 폴딩북 결과물이다. 원작 백설공주와는 내용적으로 다르지만 맥락은 살아 있고 학습한 내용과도 관련을 잘 지은 것 같다.

옛날 옛적에 백설공주가 살았습니다. 아주 행복하게 살고 있었지요. 그런데 어느 날 백설공주를 시기한 마녀가 독이 든 양배추즙을 만들어서 백설공주에게 한 개 사라고 말하며 독이 든 양배추즙을 쥐여 주었습니다. 그래서 백설공주는 집에 가서 한 가지 실험을 하였습니다. 다행히 입에 가져다 대지 않고 지시약을 사용하였습니다. 자주색 양배추였는데 다양한 용액(묽은 염산, 묽은 수산화나트륨 용액, 식초, 비눗물, 사이다, 레몬즙, 이온음료, 유리 세정제)을 각각 1방울씩 떨어뜨려 보았더니 묽은 염산, 식초, 사이다, 레몬즙, 이온음료가 붉은색으로 변하여 산성인 것을 알게 되었습니다. 그리고 묽은 수산화나트륨 용액, 비눗물, 유리 세정제는 반대로 염기성 용액이었습니다. 그러고 나서 양배추즙을 독성 검사를 했더니 독이 들어 있는 물질임을 뒤늦게 알게 되어 복수를 꿈꾸었습니다. 그리고 바로 복수를 준비하였습니다. 백설공주는 대학교에서 과학을 전공해서 묽은 염산에 대리석을 넣으면 기포가 발생하고 묽은 수산화나트륨 용액을 넣으면 기포가 발생하지 않는다는 것을 알고 있었습니다. 그래서 묽은 수산화나트륨 용액을 물이라고 속여 팔려는 계획을 세웠답니다. 참! 이유를 설명해야죠? 묽은 수산화나트륨 용액은 염기성이기 때문이에요. 백설공주는 분장을 하고 나서 길거리에 '가짜(?) 물'을 팔려고 나왔어요. 결국 마녀는 그 묽은 수산화나트륨 용액을 사서 벌컥벌컥 마시고 켁! 하고 쓰러져 죽고 말았어요.

독자들에게

안녕? 친구들아. 나는 이 책을 지은 작가란다. 나는 이 책을 산성과 염기성과 관련하여 지었어. 너희들이 산성과 염기성에 대하여 조금 더 깊이 이해하고 재미있게 깨우칠 수 있도록 만들려고 했는데, 조금 더 이해가 잘되는 것 같니? 이 책을 읽어주어서 너무나도 고맙단다! 2편도 기대하렴!

작가 홍○○

A3 혹은 도화지를 이용하여 폴딩북을 만들어보자.

폴딩북을 수업 시간에 오리고 접는 것보다는 미리 준비해두면 시간을 절약할 수 있다. 한두 번 해보면 모두 잘 만든다. 재료로는 A3 용지 또는 도화지가 적당하다. 물론 색깔 있는 도화지도 좋다.

표지	1	2	3
4	5	6	느낀 점 소감문 등

점선(…)은 자르는 선

⚛ 이야기 만들기는 모둠이 함께!

이야기 만들기는 수업 관련 카드 6장과 비수업 관련 카드 6장을 모둠에 나누어 주고 이야기를 만드는 활동이다. '폴딩북 만들기' 활동과 비슷하지만 차이점은 모둠으로 이루어지는 것이다. 12장의 카드를 교사가 모두 선택해도 되지만 학생들의 참여를 높이기 위해 카드 선택하는 일에 학생들을 참여시켜도 좋다. 반반으로 나누어 선택해도 좋다.

비수업 관련 카드를 선택하는 방법은 학생들이 좋아하는 한 권의 동화에서 6개의 낱말을 가져오는 방법과, 일상생활 속에서 익숙한 여러 가지 물건을 제시하는 방법, 그리고 한 권의 동화책과 생활 속 물건을 함께 제시하는 방법 등이 있다. 어떤 방법을 선택할지는 교사와 학생들이 정하면 된다. 단원별로 비수업 관련 카드를 같게 혹은 다르게 해도 된다.

12장의 카드를 이용하여 '이야기 만들기' 활동 방법을 알아보자.

준비물 : 모둠별로 카드 12장(수업 관련 카드 6장+비수업 관련 카드 6장)
① 받은 12장의 카드를 잘 섞어 모둠원에게 12장의 카드를 나누어 주자. (다른 사람에게 보여주면 안 됨)
② 순서를 정하여 한 사람이 카드를 낸다.
③ 다른 사람이 카드에 적힌 낱말을 가지고 문장을 만들자.
④ 말을 한 사람이 다음 카드를 꺼내면 다음 사람이 카드에 적힌 낱말을 가지고 문장을 만든다. (②③④ 활동을 카드가 없어질 때까지 반복한다.)
⑤ 모둠별로 한 사람을 정하여 학생들이 발표한 내용을 기록하여 제출한다.

다음은 5학년 2학기 2단원 '생물과 환경'을 마치고 만든 '이야기 만들기' 활동의 결과물로 6장의 수업 관련 카드는 생태계, 적응, 생물 요소, 생태계 평형, 햇빛, 환경오염이고, 6장의 비수업 관련 카드는 백설공주, 꽃사슴, 아이스크림, 화분, 헤드셋, 창문이다.

'이야기 만들기' 과학 글쓰기 활동은 첫 번째 카드가 무엇이고 또 카드에 따라 첫 번째 학생이 어떤 이야기를 만드느냐에 따라 전체 내용이 완전히 달라진다. 하지만 학습한 내용의 의미는 달라져서는 안 되며 정확하게 사용되어야 한다. 예를 들면 1차 소비자와 3차 소비자의 의미가 바뀌어 사용되면 안 된다.

백설공주(첫 번째 카드)

옛날 아주 먼 옛날 숲속 어느 나라에 백설공주가 살고 있었습니다.

생물 요소(두 번째 카드)

백설공주는 공부를 아주 열심히 하였는데 그중에서도 과학을 너무 좋아했답니다. 날마다 숲속으로 가서 생물 요소들, 즉 1차 소비자, 2차 소비자, 3차 소비자가 무엇인지를 공부했답니다.

환경오염(세 번째 카드)

오늘도 숲속에서 열심히 생물 요소를 공부하던 백설공주는 1차 소비자인 식물들이 건강하지 않다는 것을 발견하고는 원인을 찾던 중 환경오염이라는 것을 알게 되었습니다.

아이스크림(네 번째 카드)

환경오염의 원인은 백설공주가 살고 있는 성 밖의 한 아이스크림을 만드는 공장에서 실수로 그만 아이스크림을 만드는 데 필요한 재료를 강으로 흘려보냈기 때문이었습니다.

적응(다섯 번째 카드)

95

⚛️ 모둠이 함께 퍼즐을 만들어보자

퍼즐 풀기는 신문이나 각종 잡지에서 많이 접해보고 재미있게 풀어본 경험이 있을 것이다. '퍼즐 만들기'는 퍼즐 풀기에서 좀 더 나아가 모둠이 함께 학습한 내용을 정리하고, 정리한 내용을 바탕으로 퍼즐 문제를 만들어 다른 모둠과 주고받아 풀이까지 해보는 활동이다.

학생들은 수업 중에 문제를 풀이하는 활동은 늘 하지만 문제를 만드는 활동을 할 기회는 많지 않다. 교사가 문제를 제시하고 학생들이 문제를 풀이하는 이 과정은 오랫동안 이어져온 교실 풍경이다. 교사가 문제를 제시하고 학생이 풀이하는 방법도 좋지만, 앞으로는 학생이 문제를 만들어 제시하고 학생이 풀이하는 활동이 더 많이 주어졌으면 좋겠다. 문제를 만드는 것은 창조 활동으로 학생들의 사고 활동을 촉진시켜 준다.

준비물 : 퍼즐 학습지
① 단원에서 학습한 낱말들을 정리해보자. (학생들은 어느 것이 중요한지 정리가 잘 되지 않는 경우가 있다.)
② 퍼즐에 사용할 낱말을 선택하자. (선택한 낱말이 다른 모둠에 노출되지 않도록 비밀을 유지하자.)
③ 퍼즐 학습지에 문제를 만들고, 가로 세로 열쇠를 적는다.
④ 완성된 퍼즐 학습지는 모둠끼리 교환하여 퍼즐 문제를 해결한다.

다음은 6학년 1학기 3단원 '여러 가지 기체' 단원 학습 후 단원 마무리 활동으로 퍼즐 만들기를 한 결과물이다.

가로 세로 몇 문제를 만들지는 모둠이 결정하면 된다. 너무 많은 문제를 만들려고 하다 완성도가 떨어지는 경우가 많다. 학년 수준을 고려하여 문제 수를 교사가 정해주는 것도 좋은 방법이다. 간혹 학생들이 가로 세로 열쇠를 보고도 해결할 수 없을 정도의 어려운 문제를 만드는 경우가 종종 있다. 이를 방지하기 위해서는 학생들에게 문제를 만드는 방법에 대한 사전 지도를 하는 것이 필요하다.

퍼즐 만들기 예시

¹이				¹			
	²기						
			²	³기			
			³기				

 가로 열쇠

1. 불을 끄는 성질이 있는 기체
2. 공기를 모으는 병
3. 공기의 다른 말

 세로 열쇠

1. 화재와 관련된 가정과 교실의 필수품
2. 기체를 만드는 장치
3. 기체가 차지하고 있는 공간

작은 용기만 있으면 과학 글쓰기를 시작할 수 있다

과학 교과서와 함께 받은 실험 관찰 책은 수많은 집필진들이 오랜 시간 연구에 연구를 거듭한 산물일 것이다. 훌륭한 교재라고 생각한다. 그러나 실험 관찰을 가지고 실험 결과를 정리하다 보면 늘 아쉬움이 남는다. 2% 부족함을 느낀다. 3학년부터 6학년까지 같은 단원 정리 방법을 사용하고 있기 때문이다.

학생들과 오랜 고민 끝에 실험 관찰 대신 마인드맵 노트를 사용한 적이 있다. 실험 관찰 대신에 마인드맵 노트를 사용하는 데에는 엄청난 용기가 필요했었다. 실험 관찰을 사용하지 않는 것에 대한 학부모들의 민원도 걱정해야 했고, 마인드맵으로 정리하는 것에 대한 학생들의 반응이 어떨까 싶어서도 그랬다. 하지만 마인드맵을 1년 동안 꾸준하게 할 수 있도록 용기를 준 것은 학생들의 반응이었다. 초기에는 어려워했지만 적응이 되고 나니 오히려 학습 내용 정리가 잘되고 쉽다고 한다.

과학 글쓰기도 마찬가지이다. 과학 글쓰기의 장점은 과학 교과서 흐름을 재구성할 필요 없이 활용할 수 있다는 것이다. '잘 될까? 내가 잘할 수 있을까?'라는 두려움이 당연히 있을 수 있다. 하지만 조금의 용기만 있으면 된다.

과학 글쓰기?
바로 시작하면 변화와 성장이 일어날 것이다.
지금 시작해보자!

Chapter 05

과학에 예술을 더하는 '美'친 과학 수업

과학에 예술을 더하는 '美'친 과학 수업

'美'친 과학 수업의 시작

"오늘은 과학책 ○○쪽에서 □□쪽 할 거예요. 책 펴볼까요?"

수업에 대한 안내라고 생각하고 친절하게 과학 교과서의 범위를 안내해 준다. 그리고 행여 놓치고 가르치지 않는 부분이 있을까 교과서 구석구석까지 살피면서 아이들과 함께 수업을 진행한다.

실험 관찰 책을 정리하면서 수업을 마무리하고 그래도 혹시나 하는 걱정으로 아이들이 정리할 동안 미리 살펴본 지도서를 한눈에 훑어본다. 혹시 진도를 못 맞출까? 그리고 아이들은 이해했겠지? 또 걱정된다.

수석 교사로 활동하면서 오히려 수업에 대한 불안감이 더 커진 것 같다. 행여 수석 교사가 진행하는 과학 수업이 아이들에게 재미없고 부담되는 수업이 되지는 않을까? 아이들이 학부모에게 과학 수업에 대해 어떻게 전할까? 호기심을 가지고 실험에 임할까? 동기 유발은 적절했을까? 담임에게 비추어지는 수석 교사의 수업 모습은 어떨까? 등등 걱정이 끝이 없다. 하여 무의미하지만 과학 교과서를 한 번 더 읽어보는 것으로 마음의 위안을 삼는다.

조형미술학을 전공하고 학교에서는 초임 시절부터 늘 과학 관련 업무를 수행하였다. 그러다 보니 어느 순간부터 과학에 관련된 모든 업무가 마치 처음부터 모두 내 것인 것처럼 생각되었고, 함께하는 동료 교사들도 내가 과학과를 전공한 것으로 생각하였다. 자연스럽게 수석 교사도 '과학과'로 지원하여 이른바 과학과 수석 교사가 되었다.

수석 교사이기에 선생님들이 수업을 참관할 수 있게 과학실을 상시 개방하여 수업한다. 수업을 참관한 선생님들이 가진 개개인의 지식이나 생각이 다 다르며, 특히 수업을 보는 관점의 차이는 교직 경력과도 관계가 있다는 것을 느끼기에 늘 새로운 과학 수업에 도전하려고 노력한다.

토론이 있는 과학 수업, 질문이 있는 과학 수업, 생각하고 탐구하는 과학 수업 등 다양한 방법으로 과학 수업을 시도하다가, '과학 수업은 꼭 교과서대로 해야 하나? 교과서를 벗어나 다르게 수업할 수는 없을까?' 하는 생각을 하게 되었다.

'옳지! 내가 좋아하고 잘하는 미술(예술)을 과학에 더하여 융합 교육이라는 관점으로 과학 수업을 한번 해보자.', '아이들의 생각대로 만드는 창의적 작품(수업 결과물) 속에서 과학적 개념을 이해하고 학습 문제를 해결할 수 있고, 또한 형형색색 아름다움을 맛보아 자칫 바쁜 생활로 점점 메말라가는 정서에 윤기를 더할 수 있겠지!' 하는 작은 바람으로 과학과와 미술과의 융합 수업인 '美'친 과학 수업을 시작해보았다.

'융합 Convergence'이란 이름으로

"융합은 뭐고 통합은 뭐예요?"

불쑥 던진 새내기 교사의 물음에 머리가 혼란스럽다. 벌써 몇 년이나 지나버린, 그래서 이제는 조금 시들해진 'STEAM'을 다시 떠올린다. '아하! 이렇게 새내기 교사들이 다소 나태해져 있는 나에게 새로운 활동의 동기를 주는구나!'

🔬 융합 교육의 필요성

융합이란 서로의 지식과 경험을 바탕으로 협력을 통해 분야 간의 연결점을 찾아 새로운 해결책을 만들어내는 사고 과정을 말한다. 영어로 convergence는 '함께'라는 의미의 'con'과 '어떤 방향 또는 상태로 향하다 bend'와 '기울다 incline'라는 의미의 'vergence'가 합쳐진 용어로, '하나로 합친다' 또는 '경계가 무너지면서 사실상 하나가 된다'는 포괄적 의미로 해석하기도 한다.

학문 간의 협동, 협업, 수렴, 통섭으로 이해하는 경우도 있으며 철학적, 사회적 관점에서 해석되기도 한다. 이렇게 다양한 관점으로 해석이 가능한 융합을 위해서는 서로 다른 지식과 경험을 연결하여 새로운 것을 만들어내는 창의성이 필요하다. 4차 산업혁명 시대를 맞이하여 전 세계뿐만 아니라 우리나라에서도 사회 각 분야에서 디지털과의 융합을 통한 변화를 시도하고 있다.

2016년 세계경제포럼에서 4차 산업혁명 시대라는 개념이 대두되면서 교육계에서는 '융합형 인재'라는 키워드에 관심을 가지게 된다. 그러면서 현재 시대가 요구하는 인재상을 전공 분야뿐만 아니라 다른 분야까지도 통합적으로 이해하는 인재, 나아가서 창조적인 융합을 이끌어내는 인재로 정의하게 되었다. 이것이 융합 교육이 등장하게 된 배경이다.

'융합'은 새로운 아이디어와 혁신의 원천이 된다. 융합이란 단어가 교육적 방법론과 결부된 '융합 교육'은 두 가지 다른 학문 분과의 경계를 넘나들면서 진행하는 교육 방식이다. 융합 교육은 팀 티칭 혹은 옴니버스 강의 형태가 중심이 되고, 이때 학생들은 서로 다른 관심을 가지고 있으면서 통합적 이해가 필요한 하나의 문제를 공통으로 해결하게 된다. 이를 통해 일종의 전인적 교육이 이루어진다고 할 수 있다. 교육은 미래 사회의 인재를 길러내는 과정이고, 교육과정은 교육 목표를 달성하기 위해 내용을 체계적으로 조직한 교육의 전체적 계획으로 교육을 위한 기본 설계도이다. 2015개정 교육과정에서 교육부는 인문·사회·과학 기술에 대한 기초 소양을 함양하여 인문학적 상상력과 과학 기술의 창조력을 두루 갖춘 창의융합형 인재로 성장할 수 있도록 우리 교육을 근본적으로 개혁하려는 차원에서 '문·이과 칸막이가 없는 교육'을 제시하였는데, 이것이 바로 융합 교육을 의미하는 것이다.

미래 사회는 많은 지식을 소유하고 있는 사람보다 핵심 지식을 바탕으로 새로운 가치를 창출해낼 수 있는 인재를 요구하므로, 다양한 영역에서의 지식을 통합하고 융합하는 역량이 필요하다. 이와 같이 교육의 패러다임이 변화됨에 따라 교육부는 '많이 가르치는 교육'에서 '배움을 즐기는 행복 교육'으로 방향을 전환하고 있으며, 교육 현장에서도 '융합 교육'에 대한 필요성이 점차적으로 부각되고 있고, 인성 교육, 창의성 교육 및 핵심 역량 함양을 위한 교육으로도 주목을 받고 있다. 〈출처 : 이대학보(https://inews.ewha.ac.kr)〉

⚛ 초등학교에서의 융합 교육

융합 교육은 학습의 수직적 확장(선행)을 하지 않더라도 할 수 있다. 물론 수직적 확장이 이루어졌다면 보다 다양한 재료가 등장할 수 있기에 융합의 공통 요인을 찾아내기는 더 쉬워진다. 그러나 현재 학습된 교과의 제한적 범위 내에서도 다른 사람들이 생각해내지 못하는 창의적인 생각을 할 수 있어야 하는 것이 융합에 있어서는 더 중요하다. 그리고 그것을 키우기 위해서는 교과 교육과정에 충실해야 하는 기본을 바탕으로 다음의 3가지가 습관화되어야 한다.

첫째, 타인과의 의사소통을 통한 문제 해결 능력을 길러야 한다.

혼자가 아닌 다른 사람과 의견 교환을 통하여 문제를 해결하면 자연스럽게 배려심, 협동심, 리더십, 의사소통 능력 등을 길러 인성을 갖추게 된다. 그리고 다양한 간접 경험을 통해 생각을 확장할 수 있게 되어 창의력을 기르기 쉬워진다. 이를 위해 평소 자신의 생각을 글과 언어로 자신감 있게 타인 앞에서 표현하는 연습을 해야 한다. 그 후 이야기의 논리성을 갖추는 연습으로 자연스럽게 이어지는 것이 좋다.

둘째, 융합적 사고를 위한 소재를 습관적으로 찾아내고 발굴하는 연습을 해야 한다.

이를 위해서는 실생활에서 다양한 아이디어나 호기심거리를 찾아 교과 과정으로 연계하거나, 그 반대로 교과 과정의 호기심을 실생활에 접목하거나 확장할 수 있는 사고거리를 찾는 습관을 길러야 한다.

셋째, 외부적으로 표현(글, 그림, 대화, 수행)할 수 있는 능력을 길러야 한다.

초등학교 2학년 '길이' 단원 학습에서 단순히 길이만 재는 활동에서 벗어나 교실에 비치된 사물함의 길이나 깊이 등을 직접 재어보게 한다. 여기서 그치지 말고 학생들이 사용하기에 보다 적합한 사물함을 디자인하거나 설계도를 그리는 등 활동을 확장해 글과 그림으로 표현한다면 더욱 좋다. 더 나아가 직접 제작까지 해본다면 더 좋은 교육이 된다.

⚛ 창의융합형 인재

"2015개정 교육과정에서 요구하는 인재상은 무엇인가요?"라는 물음을 연수 때 종종 던져본다. 대부분의 교사들은 '창의융합형 인재'라는 것을 알고 있다. 그러면 "창의융합형 인재는 어떤 인재인가?"라고 다시 질문을 던진다.

창의융합형 인재란 '인문학적 상상력, 과학 기술 창조력을 갖추고 바른 인성을 겸비하여 새로운 지식을 창조하고 다양한 지식을 융합하여 새로운 가치를 창출할 수 있는 사람'으로, 4차 산업혁명 사회에 창의적이고 유연하게 대처할 수 있는 융합형 인재를 말한다. 2022개정 교육과정, 즉 '국민과 함께하는 미래형 교육과정'에서는 '모두를 아우르는 포용 교육 구현과 미래 역량을 갖춘 자기주도적 혁신 인재 양성'을 비전으로 내세우고 있다. 따라서 '학습자가 자신의 삶과 학습을 주도적으로 설계하고 구성하는 능력으로 미래 사회에 변화의 주체가 될 수 있도록 하는 것'을 강조하고 있다. 〈출처 : 나누고 싶은 소식 [2014 교육부, 이렇게 일했습니다] 2014. 12. 01., 2022 초등 도단위 장학 지원단 및 교육과정 지원단 연수회, 한국STEAM교육협회 http://cafe.daum.net/tq-steam〉

⚛ STEAM 교육

"STEAM 수업은 매시간 모든 요소들을 포함해야 하나요?"

"STEAM 수업은 몇 차시로 진행해야 하나요?"

"시범 수업을 STEAM 수업으로 해주실 수 있나요?"

"초등에서 융합 교육은 어떻게 하나요?"

현장에서 요구되는 수석 교사에 대한 다양한 요구들은 한편으로는 즐거우면서 또 다른 한편으로는 부담이 된다. 그러면 STEAM 교육이란 뭘 말하는 걸까?

과학 Science, 기술 Technology, 공학 Engineering, 예술 Arts, 수학 Mathematics의 첫 글자를 딴 STEAM 교육은 과학 기술에 대한 흥미와 이해를 높여 과학 기술에 기반한 융합적 사고력과 실생활의 문제 해결력을 배양하는 교육을 말한다.

STEAM 교육은 현실 세계의 문제를 창의적으로 해결함으로써 융합적인 미래 인재 양성을 강조하는 STEM (Science, Technology, Engineering, Mathematics) 교육에 'A(Arts)', 즉 예술적 요소를 추가하여 과학 효능감, 자신감, 과학에 대한 흥미, 창의성, 상상력과 감성 등을 일깨우는 교육이다. 여기서 Arts 영역은 fine art뿐만 아니라 liberal arts의 인문 교양, language arts의 언어 예술까지 포함하며, 순수 미술, 응용 미술, 체육, 언어 및 인문학, 철학, 정치심리학, 사회학, 신학 등을 포함하는 넓은 개념으로 본다.

STEAM 교육의 학습 준거틀은 문제 해결의 필요성을 구체적으로 느낄 수 있는 상황을 제시하여 스스로 문제 해결 방법을 찾아가고, 문제 해결에서 오는 성공 경험과 감성적 체험을 통해 새롭게 학습에 대한 흥미와 동기를 부여하는 틀에서 이루어진다.

융합형 수업 모델 이해하기

"융합형 수업은 어떻게 하나요?"

"융합형 수업의 모델이 있나요?"

"융합형 수업으로 시범 수업을 해주실 수 있나요?"

현장에서 수석 교사들에게 요구되는 사항은 다양하다. 마치 수석 교사가 수업의 모든 것을 알고 있고, 수업에 관한 도깨비방망이를 들고 있는 것처럼 수많은 질문이 들어온다. 그럴 때면 나는 "나도 잘 모르는데 같이 한번 생각해보자."라고 대답한다. 그런 다음 제시된 물음에 대해 깊이 생각하고 방법을 찾아본다.

융합형 수업 모델을 개발하기 위해서는 수업 모델 개발 모형이 필요하다. 각 교과 영역에서 적용 가능한 융합형 수업 모델을 개발하기 위하여 참고할 수 있는 통합교육 모형의 예로서, 아래 그림에 제시된 바와 같은 '큐빅 모형(김진수, 2011)'은 핵심 역량 함양을 위한 인문, 사회, 과학, 예술 등 다양한 영역의 융합형 수업 모델의 개발에도 적용될 수 있다.

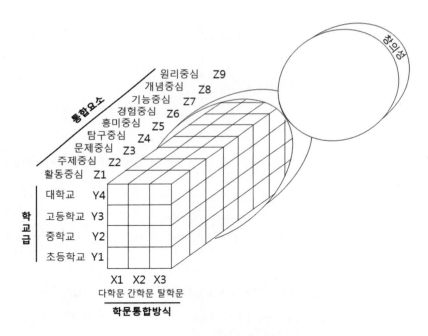

〈창의적 STEAM 교육을 위한 큐빅 모형(김진수, 2011)〉

과학 영역에서의 통합 및 융합과학 수업을 개발하기 위한 방법을 살펴보면, 각 교과의 학문적 개념을 넘어 자연 현상을 통합적으로 이해할 수 있는 대주제(Big Idea)를 중심으로 교육과정을 구성하고, 과학사적 측면에서 자연 현상과 인간의 관계, 과학 기술의 발달과 인간 생활 이해 등을 위한 수업으로 개발하는 것이다. 그러면 학생들의 학습 부담을 줄이기 위해 이전에 학습한 과학의 기본 개념을 중심으로 쉽고 흥미있게 구성할 수 있다.

〈출처: 이경화 외(2014) 핵심역량 함양을 위한 융합형수업모델 개발, 한국과학창의재단〉

'美'친 과학 수업 이야기

　대부분의 초등학생들은 과학을 좋아한다. 그러나 교사들의 전담 과목 선호도는 체육과 영어 다음이 과학이다. 과학은 아이들에게는 흥미로운 과목이지만 교사들에게는 피하고 싶은 과목인 것이다. 아이들과 교사들이 함께 호기심을 가지고 재미있게 자기의 생각을 표현할 수 있는 과학 수업은 없을까? 아이들이 과학 수업의 즐거움을 알고 과학적 지식을 스스로 체득하며, 과학과만의 특유한 매력을 느낄 수 있는 참다운 과학 수업은 어떻게 설계하고 실행해야 할까?

　'융합 수업'을 현장에 적용하기 위해서는 성취기준에 의한 통합이나 주제 중심 수업, 교과 융합 프로젝트 수업 등의 다양한 방법이 있다. 하지만 이러한 방법들은 이론적인 근거에 부합한지 검토해야 하고, 교육과정을 분석하여 주제를 찾아 재구성하고 성취기준을 살펴서 관련있는 것끼리 다시 연계해야 하는 번거로움이 있다. 교사는 성취기준으로부터 결코 자유로울 수 없다. 그래서 나는 이러한 번거로움에서 벗어나서 수업에서 간단히 적용할 수 있고, 아이들이 재미있게 참여할 수 있는 아름다운 과학 수업을 구안하여 실천해보았다.

〈과학과 미술을 결합한 다양한 수업 활동 모습〉

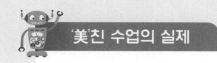

3-1 [3. 동물의 한살이] / 배추흰나비의 한살이를 관찰해요(4-5/11)

성취기준	〔4과02-01〕 동물의 한살이 관찰 계획을 세우고 동물을 기르면서 한살이를 관찰하며, 관찰한 내용을 글과 그림으로 표현할 수 있다. 〔4미01-02〕 주변 대상을 탐색하여 자신의 느낌과 생각을 다양한 방법으로 나타낼 수 있다.
배움 주제	배추흰나비의 한살이를 관찰하여 작품으로 나타내기
배움 목표	배추흰나비의 한살이를 설명하고 관찰하여 창의적인 작품으로 나타낼 수 있다.
수업 의도	배추흰나비의 한살이(알 → 애벌레 → 번데기 → 어른벌레) 과정을 그림에서 찾아보고 동영상을 통해 여러 동물의 한살이 과정을 탐색하여, 동물마다 한살이 과정이 다름을 이해한다. 배추흰나비의 한살이 과정을 모둠별 협업을 통해 창의적인 작품으로 만들어봄으로써 과학적 사고력과 탐구 능력을 기른다.

연계 과목	과학, 미술
수업의 흐름	학생 활동 내용
배움 준비	◉ 그림 속에서 배추흰나비의 한살이 관련 내용 찾아보기 ◉ 동물들의 한살이 생각해서 말하기 ◉ 학습 문제 인식하기 　　　배추흰나비의 한살이를 이해하고, 창의적인 작품으로 나타내보자.
배움 활동	〈활동1〉 배추흰나비 알과 애벌레 관찰하기 　- 배추흰나비 알의 특징 이야기하기 　- 배추흰나비 애벌레의 특징 자유롭게 이야기하기 〈활동2〉 배추흰나비의 번데기와 어른벌레 관찰하기 　- 배추흰나비 번데기의 특징 말하기 　- 배추흰나비 어른벌레의 특징 말하기 〈활동3〉 배추흰나비 한살이 정리하기 　- 배추흰나비 한살이(알-애벌레-번데기-어른벌레)를 순서를 생각하여 정리하기 〈활동4〉 배추흰나비 한살이 과정 만들기(모둠 활동) 　- 배추흰나비 한살이의 알, 애벌레, 번데기, 어른벌레 창의적으로 만들기 〈활동5〉 배추흰나비 한살이 과정 작품 전시하기
배움 정리	◉ 그림 속에서 배추흰나비의 한살이 관련 내용 찾아보기 ◉ 동물들의 한살이 생각해서 말하기 ◉ 자기의 주변 정리하기

배추흰나비 한살이 과정 만들기

❶ 준비물 확인하기(나만의 재료 준비)

❷ 배추흰나비 한살이 과정 알고 단계 나누기

❸ 배추흰나비 한살이 스케치하기

❹ 알, 애벌레, 번데기, 어른벌레 만들기

❺ 한살이 단계에 맞게 꾸미기

❻ 친구들에게 작품 소개하기

여러 동물들의 한살이 작품 전시회

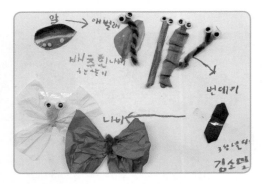

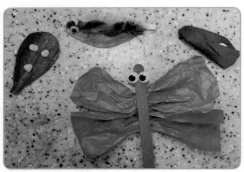

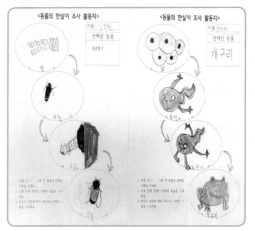

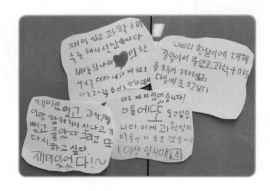

Tips

1. 여러 동물의 한살이 과정을 사전 과제로 제시하여 학생들이 미리 재료를 준비하도록 한다.

2. 동물의 한살이 조사 활동지를 작성하여 만들기 활동에 참고하도록 한다.

3. 동물의 한살이 과정을 각 단계별 특징은 자세히 나타내지 않고, 한살이 순서 정도만 인지하여 만들기 활동을 하도록 한다.

4. 활동 후 자신의 느낀 점을 자유롭게 적어 교실 벽에 붙여 공유한다.

3-1 [2. 자석의 이용] / 자석과 철은 서로 끌어당겨요(3/12)

성취기준	〔4과02-01〕 자석 사이에 밀거나 당기는 힘이 작용하는 현상을 관찰하고 두 종류의 극을 구별할 수 있다. 〔4미02-04〕 주변 대상을 탐색하여 자신의 느낌과 생각을 다양한 방법으로 나타낼 수 있다. 〔4국01-04〕 적절한 표정, 몸짓, 말투로 말한다.
배움 주제	자석을 철로 된 물체에 가까이할 때 나타나는 현상을 관찰하고, 종이 인형을 만들어 이야기 꾸며 말하기
배움 목표	자석을 철로 된 물체에 가까이할 때 나타나는 현상을 관찰할 수 있다. 자석의 성질을 이용하여 종이 인형을 만들고 이야기를 꾸며 말할 수 있다.
수업 의도	종이 인형을 공중에 떠오르게 하는 마술의 비밀을 생각해보고, 종이 인형을 공중에 띄울 수 있는 자석의 성질을 관찰하며 자석을 철로 된 물체에 가까이했을 때 나타나는 현상을 이해한다. 자석의 성질을 이용하여 종이 인형 장난감을 만들어 이야기를 꾸미고 말해봄으로써 과학적 사고력과 탐구 능력을 기른다.

연계 과목	과학, 미술, 국어
수업의 흐름	학생 활동 내용

배움 준비	⊙ 종이 인형 마술 관찰하기
	⊙ 종이 인형이 공중에 떠오른 비밀 생각해서 말하기
	⊙ 학습 문제 인식하기
	
	    자석을 철로 된 물체에 가까이했을 때 나타나는 현상을 관찰하고, 자석의 성질을 이용하여
	    종이 인형을 만들고 이야기를 꾸며보자.

배움 활동	〈활동1〉 종이 인형이 공중에 떠오른 비밀 찾아보기
	  – 종이 인형이 떠오른 이유에 대해 토의하기
	  – 종이 인형에서 자석과 철이 있는 위치 찾아보기
	
	〈활동2〉 자석으로 종이 인형 만들어 공중에 띄우기
	  – 종이 인형 설계하기
	  – 종이 인형 만들어 공중에 띄워보기
	
	〈활동3〉 종이 인형을 이용하여 이야기 만들기
	  – 모둠별로 만든 종이 인형으로 이야기 만들기
	  – 친구들에게 이야기 들려주기

배움 정리	⊙ 자석을 철로 된 물체에 가까이하면 일어나는 현상 설명하기 ⊙ 종이 인형 다시 띄워보기 ⊙ 자기의 주변 정리하기

자석으로 종이 인형 만들기

❶ 준비물 확인하기(나만의 재료 준비)

❷ 자석으로 종이 인형 만드는 방법 생각하기

❸ 종이 인형 그리기

❹ 오려서 자석 붙이기

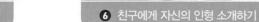

❺ 실을 매달고 막대자석으로 들어올리기

❻ 친구에게 자신의 인형 소개하기

Tips

1. 자석의 성질(자석과 철은 서로 끌어당긴다)을 이해시킨 후 활동한다.
2. 종이 인형을 너무 크게 만들지 않도록 지도한다.
3. 철 클립을 종이 인형 머리 부분에 끼우고 한 손으로 인형을 잡아 올려서 실을 팽팽하게 만든 후, 다른 손으로
   자석을 종이 인형에 가까이하면서 종이 인형이 공중에 떠 있을 수 있도록 거리를 조절한다.
4. 혼자 하기 어려운 활동이므로 짝끼리 또는 모둠원들과 협동하여 활동한다.

4-1 [1. 지층과 화석] / 화석을 만들어보아요(8-9/11)

성취기준	〔4과06-03〕 화석의 생성 과정을 이해하고 화석을 관찰하여 지구의 과거 생물과 환경을 추리할 수 있다. 〈탐구 활동〉 화석을 관찰하고 화석 모형 만들기 〔4미01-02〕 주변 대상을 탐색하여 자신의 느낌과 생각을 다양한 방법으로 나타낼 수 있다.
배움 주제	화석이 만들어지는 과정을 알고 화석 모형 만들기
배움 목표	화석이 만들어지는 과정을 알고, 화석 모형을 만들어 실제 화석과 비교하여 설명할 수 있다.
수업 의도	화석 박물관을 인터넷으로 검색하여 화석에 관심을 갖고 화석이 만들어지기 위한 조건과 과정을 알아본다. 그리고 자신이 만들고 싶은 화석을 준비하여 화석 모형을 만들고 실제 화석처럼 색칠해본다. 실제 화석과 모형 화석을 비교해봄으로써 과학적 사고력과 과학적 탐구 능력을 기른다.

연계 과목	과학, 미술
수업의 흐름	학생 활동 내용
배움 준비	⊙ 화석 박물관 동영상으로 살펴보기 ⊙ 화석이 발견되는 장소 알아보기 ⊙ 화석이 주로 땅속에서 발견되는 이유 이야기하기 ⊙ 학습 문제 인식하기 화석이 만들어지는 과정을 알고, 화석 모형을 만들어 실제 화석과 비교하여 말해보자.

배움 활동	〈활동1〉 화석이 만들어지는 과정 탐색하기
	  − 화석이 될 수 있는 생물의 특징 알아보기
	  − 화석이 만들어지기 위한 조건 이야기하기
	
	〈활동2〉 화석 모형 만들기
	  − 활동 전 주의할 점과 활동 후 정리 활동 알아보기
	  − 자신이 만들고 싶은 것 준비하기
	  − 화석 모형 관찰하고 만드는 방법 토의하기
	  − 나만의 화석 만들기
	  − 실제 화석처럼 아크릴 물감으로 꾸미기
	
	〈활동3〉 실제 화석과 화석 모형 비교하기
	  − 화석 모형 만들기 활동에서 지층, 생물, 화석을 찾아보기

배움 정리	⊙ 화석이 만들어지기 위한 조건 이야기하기 ⊙ 화석이 만들어지는 과정 생각해보기 ⊙ 자신의 생각 적어 붙이기

나만의 화석 만들기

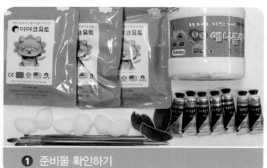

❶ 준비물 확인하기

❷ 모형 화석 만드는 순서 의논하고 만들기

❸ 모형 화석 본뜨기

❹ 모형 화석 채색하기

❺ 모형 화석과 실제 화석 비교하기

Tips

1. 찰흙이나 지점토, 알지네이트, 유토, 아이클레이, 석고 반죽 등에서 선택해서 활용한다. (손에 잘 묻지 않는 것이 좋다.)

2. 석고 반죽은 금방 굳기 시작하므로 찰흙 반대기에 붓기 직전 만들어서 사용한다. 석고 반죽을 만들 때 물을 많이 넣을수록 굳는 시간이 오래 걸리므로 이를 감안하여 반죽한다.

3. 생물에 단단한 부분이 있으면 화석 모형 만들기가 수월하므로 화석 모형을 만들기 위한 준비물은 단단한 몸체가 있는 것으로 준비한다.

4-1 [4. 혼합물의 분리] / 마블링 물감으로 작품을 만들어보아요(1/10)

성취기준	〔4과12-01〕 일상생활에서 혼합물의 예를 찾고 혼합물 분리의 필요성을 설명할 수 있다. 〔4미02-06〕 기본적인 표현 재료와 용구의 사용법을 익혀 안전하게 사용할 수 있다.
배움 주제	마블링 물감으로 작품 만들기
배움 목표	마블링 물감으로 작품을 만들며 혼합물 분리와 관련지어 말할 수 있다.
수업 의도	마스크를 착용해본 경험을 통해 마스크의 역할을 생각해보고 이 단원에서 학습할 내용을 짐작하게 한다. 그리고 마블링 물감의 특징을 이용하여 마블링으로 창의적인 작품을 만들어서 이야기를 만들어봄으로써 혼합물의 분리에 대해 흥미를 갖고 과학적 사고력과 표현력을 기른다.

연계 과목	과학, 미술
수업의 흐름	**학생 활동 내용**
배움 준비	⊙ 미세먼지가 심한 날의 모습 생각해보기 ⊙ 코로나-19의 대처 방안으로 마스크를 착용한 이유 발표하기 ⊙ 마스크의 역할 이야기하기 ⊙ 학습 문제 인식하기 　　마블링 물감으로 작품을 만들며 혼합물 분리와 관련지어 말해보자.
배움 활동	〈활동1〉 마블링 물감의 성질 탐색하기 　– 마블링 물감을 사용해본 경험 이야기하기 　– 마블링 물감 물에 넣어보기 　– 마블링 물감 특징 토의하기
	〈활동2〉 마블링 물감 그림 그리기 　– 활동 전 준비할 점과 주의할 점 알아보기 　– 마블링 물감 사용 방법 알아보기 　– 마블링 물감 그림 그리기(머리말리개 사용하기)
	〈활동3〉 작품 감상하기 　– 작품을 보고 마블링 물감과 물의 위치 생각해보기
	〈활동4〉 작품으로 이야기 만들기 　– 작품 모아서 이야기 만들기 　– 만든 이야기 발표하기
배움 정리	⊙ 마블링 물감 작품 만든 소감 이야기하기 ⊙ 단원에서 배울 내용 짐작하여 말하기 ⊙ 주변 정리하기

마블링 물감으로 그림 그리기

❶ 준비물 확인하기

❷ 물에 다양한 물감 풀어 젓기(나무젓가락 이용)

❸ 마블링 물감 푼 물에 종이 덮기

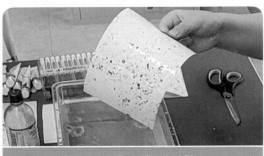
❹ 종이 천천히 들어올리기(핀셋 이용)

❺ 종이 말리기(머리말리개 이용)

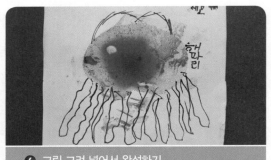
❻ 그림 그려 넣어서 완성하기

Tips

1. 물에 물감을 떨어뜨릴 때는 몇 방울씩 천천히 떨어뜨리도록 한다.

2. 마블링 물감을 저을 때는 물감이 너무 많이 풀어지지 않도록 주의하여 살살 저어 준다.

3. 종이를 덮을 때는 모양을 만들어서 덮어도 되지만, 도화지를 그냥 덮어서 나중에 물감이 묻어나는 무늬에 따라
   여러 가지 생물을 연상하여 다양한 모양이 나오도록 한다.

4. 마블링 물감이 물에 뜨는 정도를 이해시키고 재미있는 마블링 작품을 통해 혼합물 분리에 흥미를 갖게 한다.

5. 활동이 끝난 뒤 수조에 남아 있는 마블링 물감과 물은 폐종이로 마블링 물감을 붙여내어 따로 분리한 뒤 처리하도록 한다.

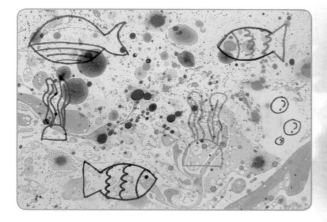
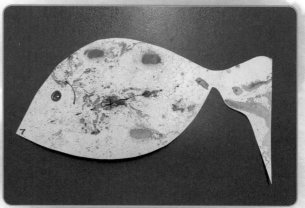
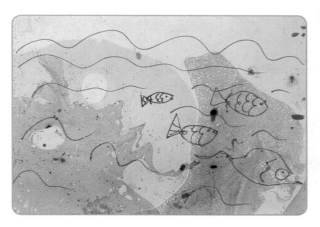

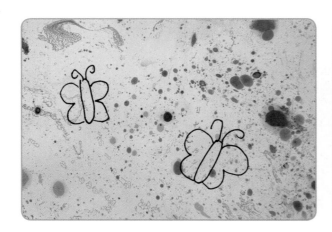
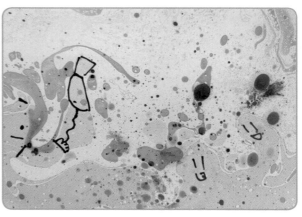

〈학생들이 만든 다양한 마블링 물감 그림〉

5-1 [3. 태양계와 별] / 별과 별자리를 찾아봐요(6-7/12)

성취기준	〔6과02-02〕 별의 의미를 알고 대표적인 별자리를 조사할 수 있다. 〔6미01-05〕 미술 활동에 타 교과의 내용, 방법 등을 활용할 수 있다.
배움 주제	별과 별자리를 알고 북쪽 별자리를 찾아보며 별자리 시계 만들기
배움 목표	별과 별자리를 알고 북쪽 별자리를 찾아보며, 자신의 별자리 시계를 만들 수 있다.
수업 의도	별에 대한 이야기를 시작으로 자연스럽게 별의 개념을 이해하고, 북두칠성, 작은곰자리, 카시오페아자리 등을 통해 별자리의 의미를 안다. 그리고 스텔라리움 Stellarium 모바일앱을 통해 현재 볼 수 있는 별자리를 관측하고 그려보도록 한다. 또한 야광 물질과 폐CD를 이용하여 자신의 별자리 시계를 만들고 전시하여 설명해봄으로써 과학적 탐구 능력을 기른다.

연계 과목	과학, 미술
수업의 흐름	학생 활동 내용
배움 준비	⊙ 현재 위치에서 동서남북 방위 찾아보기 ⊙ 나침반으로 동서남북 찾아보기 ⊙ 자신이 아는 별자리에 대해 친구들과 이야기 나누기 ⊙ 학습 문제 인식하기 　　　별과 별자리를 알고 북쪽 별자리를 찾아보며, 자신의 별자리 시계를 만들어보자.
배움 활동	〈활동1〉 별과 별자리의 개념 알기 　– 별이 무엇인지 이야기하기 　– 별자리의 뜻 알아보기 　– 북쪽 하늘의 별자리 찾아보고 모양 확인하기 〈활동2〉 별자리 관측하기 　– 별자리 관측할 때 유의할 점 토의하기(시각 및 장소 등) 　– 스텔라리움 Stellarium 모바일앱을 통한 별자리 관측하기 　– 관측한 별자리 그려보기 〈활동3〉 나의 별자리 시계 만들기 　– 나만의 별자리 만들기 　– 폐CD를 이용한 나의 별자리 시계 만들기
배움 정리	⊙ 별자리 시계 전시하고 설명하기 ⊙ 수업 소감 써서 붙이기

나만의 별자리 시계 만들기

❶ 준비물 확인하기(나만의 재료 준비)

❷ 별자리 시계 만드는 법 알기

❸ 나만의 별자리 스케치하기

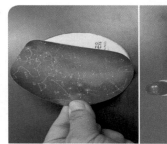

❹ 폐CD에 밤하늘 붙이고 물풀과 섞은 야광 가루 붙이기(야광 구슬도 가능함)

❺ 나만의 별자리에 야광 가루 붙이기

❻ 완성된 별자리 시계 전시하기(UFO 시계)

Tips

1. 별자리는 밤하늘에 무리 지어 떠 있는 별을 연결하여 사람이나 동물 또는 물건의 모습으로 떠올리고 이름을 붙인 것임을 설명한다.
2. 자신이 좋아하는 동물이나 물건 또는 사람의 모습을 임의로 정하여 나만의 별자리를 스케치하도록 한다.
3. 야광 물질을 니스에 섞은 뒤 이쑤시개로 찍어 별이 있는 위치에 붙여서 말린다. 별의 크기가 다 같지 않음을 설명한다. (야광 구슬을 이용해도 된다.)
4. 폐CD를 이용하여 둥근 시계 모양을 만들고, 시계 바늘을 연결하여 완성한다.

5-2 [5. 산과 염기] 천연 지시약으로 협동화를 그려봐요(9-10/11)

성취기준	〔6과08-02〕 지시약을 이용하여 여러 가지 용액을 산성 용액과 염기성 용액으로 분류할 수 있다. 〔6미02-03〕 다양한 재료를 활용하여 아이디어와 관련된 표현 내용을 구체화할 수 있다.
배움 주제	천연 재료로 지시약을 만들고 창의적인 협동화 그리기
배움 목표	천연 재료로 지시약을 만들고 창의적으로 협동화를 그릴 수 있다.
수업 의도	지시약의 개념을 이해하고 우리 주변에서 구할 수 있는 재료를 이용하여 천연 지시약을 만들 수 있음을 안다. 그리고 쇠라의 '그랑드자트섬의 일요일 오후'의 감상을 통해 점묘법을 이해하고 이를 적용하여 천연 지시약으로 창의적인 협동화를 제작해봄으로써 과학적 사고력과 과학적 문제 해결력을 기른다.

연계 과목	과학, 미술
수업의 흐름	학생 활동 내용
배움 준비	⊙ 천연 지시약을 이용해본 경험 이야기하기 ⊙ 산성과 염기성 용액에 대한 지시약의 변화 말해보기 ⊙ 학습 문제 인식하기 천연 재료로 지시약을 만들고 창의적으로 협동화를 그려보자.

배움 활동	〈활동1〉 쇠라의 '그랑드자트섬의 일요일 오후' 감상하기
	    – '그랑드자트섬의 일요일 오후'를 보고 느낌 이야기하기
	    – 이 그림을 그린 방법 이야기하기(점묘법)
	    – 점묘법으로 그릴 수 있는 그림 생각하기
	
	 〈활동2〉 천연 지시약 만들기
	    – 천연 지시약 만들 수 있는 주변 재료 찾아보기(과제로 제시하여 준비)
	    – 나만의 천연 지시약 만드는 법 토의하기
	    – 천연 지시약 만들기
	
	 〈활동3〉 천연 지시약 협동화 그리기
	    – 24구 홈판에 천연 지시약 색깔 변화 관찰하기
	    – 협동화 밑그림 그리기
	    – 단열 에어캡(뽁뽁이)을 이용한 협동화 그리기

배움 정리	⊙ 천연 지시약 협동화 전시하기 ⊙ 협동화 감상하고 용액의 성질과 연관 지어 느낌 나누기 ⊙ 주변 정리하기

천연 지시약 협동화 그리기

❶ 준비물 확인하기(나만의 재료 준비)

❷ 여러 방법에 따라 천연 지시약 만들기

❸ 여러 가지 천연 지시약

❹ 천연 지시약으로 사용할 수 있는 용액 찾기

❺ 천연 지시약 협동화 그리기

❻ 천연 지시약 협동화 완성 그림

 Tips

1. 24구 홈판보다 단열 에어캡(뽁뽁이)을 이용하면 훨씬 더 자세한 그림을 그릴 수 있다.

2. 단열 에어캡 칸마다 산성 용액과 염기성 용액을 주사기로 채워 넣는 활동은 안전에 유의하도록 사전에 교육한다.

3. 추출한 여러 가지 천연 용액에서 천연 지시약으로 사용할 수 있는 것을 사전 실험으로 찾는다.

4. 산성 용액과 염기성 용액의 농도에 따라 지시약을 넣었을 때 색깔 차이가 있음을 알고, 스케치에 따라 주사기로
   에어캡에 용액을 가득 채운 후 지시약을 다시 넣는다.

5. 너무 복잡하거나 세밀한 그림을 구상하지 않도록 지도한다.

6-1 [4. 식물의 구조와 기능] 식물 연극을 공연해보아요(9~10/11)

성취기준	〔6과12-03〕 여러 가지 식물의 씨가 퍼지는 방법을 조사하고, 씨가 퍼지는 방법이 다양함을 설명할 수 있다. 〔6미02-02〕 다양한 발상 방법으로 아이디어를 발전시킬 수 있다. 〔6국01-05〕 매체 자료를 활용하여 내용을 효과적으로 발표한다.
배움 주제	식물의 기관들이 관련되어 있음을 알기
배움 목표	식물의 기관들이 관련되어 있음을 연극으로 표현할 수 있다.
수업 의도	연극 동영상을 보고 연극을 하기 위한 준비물을 토의하며, 식물의 각 기관들이 하는 일을 알아본다. 이를 바탕으로 연극 대본을 만든 후 식물 기관을 가면으로 그려 식물 연극으로 표현해본다. 식물의 각 기관들이 관련되어 있음을 연극으로 표현해봄으로써 과학적 사고력과 탐구 능력을 기른다.

연계 과목	과학, 미술, 국어
수업의 흐름	학생 활동 내용
배움 준비	⊙ 연극 동영상 보고 이야기 나누기 ⊙ 연극을 하기 위한 준비물 토의해보기 ⊙ 학습 문제 인식하기 　　식물의 기관들이 관련되어 있음을 연극으로 표현해보자.
배움 활동	〈활동1〉 식물의 각 기관이 하는 일 이야기하기 　– 뿌리, 줄기, 잎이 하는 일 이야기하기 　– 꽃, 열매가 하는 일 알아보기 〈활동2〉 식물 연극 준비하기 　– 맑은 날, 흐린 날, 가뭄이 계속되는 날 등 구체적인 상황 정하기 　– 역할 분담하고 가면 그리기 〈활동3〉 연극 공연하기 　– 식물의 각 부분이 하는 일을 바탕으로 연극 대본 만들기 　– 역할에 따른 대사 연습하기 　– 연극 공연하기
배움 정리	⊙ 서로의 연극을 감상하고 잘한 점 찾아 칭찬하기 ⊙ 새로운 생각을 더하여 더 좋은 연극 만들기 ⊙ 자신의 느낌이나 생각을 자유롭게 써서 붙이기

식물 연극 공연하기

1 준비물 확인하기

2 뿌리, 줄기, 잎, 꽃, 열매로 분담하여 스케치하기

3 자신의 가면 그리기

4 자신의 가면 써보고 머리띠 붙이기

5 식물 연극 공연하기

6 시험관 집게를 사용하여 들고 공연하기

Tips

1. 연극 상황을 미리 설정하고 상황에 맞도록 가면을 그린다.
2. 역할 머리띠를 만들 때는 고무줄, 종이띠, 그 밖의 창의적인 물품을 사용한다.
3. 나무젓가락을 이용하여 종이 인형을 만들 수도 있지만, 과학실에 있는 시험관 집게를 사용하면 종이 인형을 간편하게 집어서 사용할 수 있다.
4. 서로의 연극을 보고 비판이나 잘못된 점을 찾기보다는 잘한 점을 찾아 칭찬하도록 한다.
5. 모둠별로 만든 작품에 다른 아이디어를 더하여 재구성한 연극으로 창의성을 높인다.

Chapter 06

일상의 과학 수업 디자인을 어떻게 할까?

일상의 과학 수업 디자인을 어떻게 할까?

Chapter 06

'일상 수업'이 진짜 수업

수석 교사이다 보니 동료 교사들의 수업을 참관할 경우가 많다. 교사들은 자신의 수업을 공개할 때면 아무래도 '누군가 본다'라는 부담감에 신경을 쓰기 마련이다. 그래서 신경 쓴 흔적들이 수업 곳곳에 묻어난다. 수업 참관 후 수업 나눔을 할 때면 수업 선생님에게 "오늘 수업은 평소 수업과 어느 정도 일치하나요?"라고 물어본다. 사실 교사인 우리들에게 필요한 고민은 '일상 수업'에 대한 고민이지 않겠는가? 공개 수업을 통해서 우리가 주목해야 할 것은 교사의 일상 수업에 대한 고민을 해결하고 일상 수업의 성장을 위해 노력하는 자세일 것이다.

과학 수업도 마찬가지이다. 사실 과학 수업만큼 교사가 준비해야 할 것이 많은 과목도 없을 것이다. 기본적으로 실험할 준비물들을 준비하는 것은 말할 것도 없고, 교과 기본 지식도 교사가 미리 준비(공부)하지 않으면 수업 시간에 낭패를 볼 수도 있다.(과학 시간에는 학생들의 질문도 얼마나 많은지 ….)

교사의 사전 실험은 또 어떤가? 반응이 잘 되던 시약이 갑자기 반응이 안 일어난다든지, 실험 도구의 개수가 모자란다든지 하는 일은 현장에서 쉽게 경험할 수 있는 일들이다.

이러다 보니 학교 현장에서는 과학을 전담 교사가 수업하지 않고 담임 교사가 가르쳐야 할 경우에 수업에 대한 교사의 부담감은 상당히 크다. 안전 사고의 위험에 신경을 써야 하는 교사들의 입장에서는 동영상이나 교사의 시범 실험 등으로 눈을 돌릴 수밖에 없는 현실이다. 이런 상황에서 '일상의 과학 수업을 어떻게 준비할 것인가?'라는 고민은 교육 현장에서 매우 중요한 질문이 될 수밖에 없다.

수업 역량은 수업 디자인 역량

최근 학교 현장에 자주 등장하는 용어는 '역량'이다. 21세기가 요구하는 인간의 역량이 제시되고, 학생들에게는 역량을 기르는 것이 교육의 중요한 부분을 차지하게 되었다. 그래서 지금의 교육과정을 역량 중심의 교육과정이라고도 한다. 그런데 학생들의 역량을 길러내는 것 못지않게 교사들의 역량도 요구된다. 교사들에게 필요한 역량은 많이 있겠지만, 가장 기본적이고도 중요한 역량은 '수업 역량'이 아닐까 싶다. 교사의 본질이 '수업'이라고 본다면 수업 역량을 기르는 것이야말로 교사에게 가장 필요한 역량이다.

수업을 한번 들여다보자. 하나의 수업 안에는 '과학적' 요소와 '예술적' 요소가 들어 있다. 교사의 관점에서 수업의 과학적 요소는 수업의 설계, 즉 수업의 디자인적인 측면을 말한다. 수업의 목표를 잘 설정하고, 그것에 맞게 수업의 내용과 방법을 선정하여 적절한 시간을 배정하고 평가를 계획한다. 이렇게 꼼꼼하게 수업을 준비하는 것은 교사로서 가장 기본적이면서도 중요한 요소이다. 그런데 수업을 하다 보면 꼭 준비된 대로, 의도된 대로 진행되지는 않는다. 수업에서 의도치 않게 일어나는 여러 가지 상황들에 대해 교사가 유연하게 대처하는 것, 즉 그런 상황에서 수업을 새로운 방향으로 이끌어가거나 자연스럽게 의도된 방향으로 끌고 가는 것이 수업의 예술적 측면이다.

교사의 수업 역량의 출발은 수업 디자인 역량, 다른 말로 수업 설계 역량에서 시작된다. 교사가 한 차시의 수업을 어떻게 디자인하는가는 수업의 성패를 좌우할 수 있다. 그런데 매시간을 공개 수업 준비하듯 수업 준비를 할 수도 없는 현실에서 어떻게 하면 일상 수업을 효율적으로 준비할 수 있을까?

현장의 많은 교사들이 수업에 대해 겪는 가장 현실적인 고민이 바로 이것이다. 수석 교사로서 일상 수업을 어떻게 디자인할까 고민하는 교사들에게 두 가지 제안을 하고자 한다.

첫째는 수업을 디자인할 때 '질문 중심'으로 수업을 디자인하는 것이다. 이것은 핵심 질문을 중심으로 수업 단계별 질문(출발 질문, 전개 질문, 도착 질문)으로 수업을 디자인하는 것이다. 이것은 모든 교과의 수업 디자인에 적용할 수 있지만, 특히 학생들이 '왜?'라는 호기심을 갖는 것이 중요한 과학 과목에 안성맞춤이다.

둘째는 학생들에게 오늘의 학습 주제를 실생활과 밀접하게 연결된 하나의 '상황'으로 만들어 제시하는 것이다. 학생들은 현실과 유사한 상황이 주어질 때 수업에 더 흥미를 느끼게 되므로, 이를 해결하는 과정을 통해 과학 교과에서 요구하는 역량을 기를 수 있다.

질문 기반의 과학 수업 디자인하기*

⚛ 왜 질문 중심인가?

"어떤 수업을 좋은 수업이라고 생각하시나요?"

"선생님이 추구하는 수업은 어떤 것인가요?"

수업 컨설팅을 할 때마다 선생님들에게 제일 먼저 물어보는 질문이다.

"프로젝트 학습입니다."

"교실에서만 끝나는 지식이 아니라 삶으로 연결되는 배움이 있는 수업입니다."

"학생이 주도하는 수업입니다."

선생님들의 대답은 매우 다양하다. 그만큼 교사마다 각자가 추구하는 좋은 수업에 대한 생각이 다르다는 뜻일 것이다. 누군가 나에게 "수석 선생님이 생각하는 좋은 수업은 어떤 것인가요?"라고 묻는다면, 나는 "교사의 좋은 질문이 있는 수업입니다."라고 대답할 것이다. 지금까지 보아왔던 좋은 수업들은 하나같이 공통점이 있다. 프로젝트 수업이건 학생 중심 수업이건 교사 강의식 수업이건, 그 수업 안에 교사의 좋은 질문이 들어 있다는 것이다.

도로시 리즈가 쓴 『질문의 7가지 힘』에서, 저자는 좋은 질문에는 다음과 같은 힘이 있다고 설명한다.

1. 질문을 하면 **답**이 나온다.
2. 질문은 **생각**을 자극한다.
3. 질문을 하면 **정보**를 얻는다.
4. 질문을 하면 **통제**가 된다.
5. 질문은 **마음**을 열게 한다.
6. 질문은 **귀**를 기울이게 한다.
7. 질문에 답하면 스스로 **설득**이 된다.

수업에서도 마찬가지이다. 교사의 좋은 질문은 수업에 굉장한 힘을 발휘한다. 학생들의 호기심을 자극하는 교사의 좋은 질문은 학생들로 하여금 수업에 흥미를 갖게 하고 빠져들게 한다. 적재적소에 날카로운 질문을 하는 교사를 보면, 교육과정을 꿰뚫고 있는 전문성이 돋보인다. 개인이나 모둠에게 다가가 좋은 질문을 던지는 교사를 보면, 학생의 사고를 자극하거나 학생 스스로 앎을 확인하게 하는 노련미가 돋보인다. 교사의 좋은 질문은 학생들을 배움으로 이끄는 좋은 길잡이가 된다.

* 질문 중심의 과학 수업 디자인은 수업디자인연구소 김현섭 소장의 『질문이 살아있는 수업(2015)』의 내용을 수업에 적용한 사례임을 밝힌다.

⚛ 질문 기반 수업 디자인이란?

수업 디자인이란 '교사가 수업을 준비하고 전개하는 일련의 과정'을 말한다. 수업을 디자인하는 방식은 교사마다 다양하지만, 일반적으로는 성취기준과 교육과정을 살펴보고 한 차시의 수업을 준비하고 계획한다. 수업을 디자인할 때 교사들은 교과서와 교사용 지도서를 가장 중요한 자료로 활용하며, 온라인 커뮤니티 등을 통해 다른 교사들은 어떻게 수업을 하였는지 참고하기도 한다.

그런데 교사들이 수업을 준비할 때 흔히 범하는 오류가 하나 있는데, 그것은 '어떤 활동을 할까?'를 제일 먼저 생각하는 것이다. 수업에서 학생들의 활동은 굉장히 중요하다. 학생들은 활동을 통해서 배우고 활동을 통해서 학습 목표에 도달하게 된다. 그런데 활동만을 위한 활동, 맥락 없는 활동은 단순히 재미만을 느끼는 데 그치고 만다. 활동을 왜 하는 것인지 교사의 의도가 전혀 보이지 않는 활동들도 수업 중에 있을 수 있다는 뜻이다.

질문 기반의 수업 디자인은 수업을 활동 중심으로만 준비하는 것을 보완해줄 수 있다. 질문 기반의 수업 디자인이란 교사가 한 차시의 수업을 디자인할 때, 쉽게 이야기해서 한 차시의 수업 과정안을 작성할 때 교사의 질문을 중심으로 수업을 디자인하는 것이다. 핵심 질문을 중심으로 도입 단계의 출발 질문, 수업 전개 과정의 전개 질문, 수업 마무리 단계의 도착 질문으로 수업을 디자인하게 된다. 이렇게 하면 활동만을 하다가 수업에서 중요한 핵심들을 놓치는 우를 범하지 않을 수 있다.

⚛ 어떤 질문들을 할 것인가?

가. 핵심 질문

핵심 질문은 수업의 가장 중요한 내용인 학습 목표를 질문으로 제시한 것이다. '이 수업을 통해서 학생들은 무엇을 배울 것인가?'라는 부분과 관련된 중요한 질문이면서 동시에 수업 전체의 방향을 제시하는 질문이다. 보통 교사는 수업을 할 때 먼저 학습 목표를 교실 앞 칠판에 제시하고 시작하는 경우가 많다. 이때 학습 목표를 질문 형태인 핵심 질문으로 바꾸어 제시하면 학생들은 '왜?'라는 호기심을 가지고 수업에 들어갈 수 있다.

〈과학 수업에서 핵심 질문의 예〉

– 달에는 정말 토끼가 살고 있을까?

– 건조한 방에 젖은 수건은 왜 걸어둘까?

– 풍선의 바람은 왜 풍선 안에서 밖으로 빠져나갈까?

– 롤러코스터가 회전목마보다 더 짜릿한 이유는?

나. 출발 질문

수업의 도입 단계에서 하는 출발 질문은 학생의 흥미를 유발하는 질문이다. 시작이 반이라는 말이 있듯이 수업도 초반 도입 부분에서 학생들의 흥미를 끄는 것이 중요하다. 학생들은 자신들의 일상과 관련된 것에 관심이 있기 때문에, 출발 질문은 학생들의 경험과 관련된 것이 좋다. 또 출발 질문은 '닫힌' 질문보다는 '열린' 질문을 해야 다양한 학생들의 답변을 들을 수 있다.

〈과학 수업에서 출발 질문의 예〉

– 만약 이 세상에 '자'가 없다면 어떤 일이 일어날까?

– '고무'로 만든 숟가락은 왜 없을까?

– 놀이 공원 놀이 기구의 빠르기가 모두 똑같아진다면 어떻게 될까?

– 형광등에 불이 켜지지 않아 당황했던 경험을 이야기해볼까요?

 Tips

★ **열린 질문? 닫힌 질문?**

- 열린 질문이란 답이 여러 개가 나올 수 있는 질문이다. 개방형 질문, 고차원적 질문이라고도 한다.

  예 달에 도착하면 가장 먼저 무엇을 하고 싶나요?

- 닫힌 질문이란 답이 하나만 나오는 질문이다. 폐쇄형 질문, 저차원적 질문이라고도 한다.

  예 지구와 달의 크기를 비교하면 누가 더 큰가요?

다. 전개 질문

전개 질문은 수업의 전개 과정에서 학생들이 학습 내용에 대해 이해하도록 질문하는 것으로, 주로 교사용 지도서에 제시되어 있는 질문이다. 전개 질문은 닫힌 질문과 열린 질문을 적절히 활용해서 만든다.

〈과학 수업에서 전개 질문의 예〉

- 습도를 측정하기 위해서 어떤 도구들을 이용해야 할까?
- 건구 온도와 습구 온도는 각각 얼마인가?
- 습도가 높을 때(낮을 때) 우리 생활은 어떤 영향을 받을까?

라. 도착 질문

도착 질문은 수업의 정리 단계에서 하는 질문으로 배운 내용을 심화하거나 삶에 적용하기 위해 하는 질문이다. 기존의 수업 디자인의 정리 단계는 주로 배운 내용을 확인하는 것에 머무는 경우가 대부분이다. 초등 과학에서는 도착 질문을 삶으로 확대하거나 적용하는 질문으로 하면 좋다.

〈과학 수업에서 도착 질문의 예〉

- 우리 주변에서 분류 기준에 따라 분류한 예를 들어본다면?
- 내일 태양의 남중고도를 바꿀 수 있다면 어떻게 바꾸고 싶은가?
- 방 안이 건조할 때 습도를 올릴 수 있는 방법을 오늘 배운 내용과 연관지어 생각해본다면?
- 태양계 행성 중 나와 가장 비슷하다고 생각하는 행성은? 그 이유는?

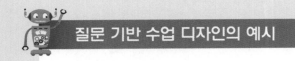

□ 단원 : 3학년 1학기 2. 물질의 성질
□ 주제 : 생활에서 이용되는 물질의 성질

질문 기반 수업 계획안

3-1 [2. 물질의 성질] / 학습 주제 : 생활에서 이용되는 물질의 성질(5/11)	
성취기준	[4과01-01] 서로 다른 물질로 만들어진 물체들을 비교하여 물체의 기능과 물질의 성질을 관련지을 수 있다.
핵심 질문	자전거를 왜 여러 가지 물질로 만들까요?
수업 흐름	질문 및 활동
생각 열기	■ 출발 질문(생활에서 과학으로) Q. 만약 세상이 한 가지 물질로만 이루어져 있다면 어떻게 될까요?
생각 키우기	■ 전개 질문 Q. 물질(금속, 나무, 플라스틱, 고무)의 성질을 연결해볼까요? Q. 젓가락과 가위의 다른 점은? Q. 하나의 물체를 만들 때 물체의 각 부분마다 사용하는 물질이 다른 까닭은?
생각 넓히기 · 삶에 반응하기	■ 도착 질문(과학에서 일상으로) Q. 우리 주변에서 두 가지 이상의 물질로 이루어진 물체는 어떤 것이 있나요?

□ 단원 : 5학년 1학기 2. 온도와 열
□ 주제 : 고체에서 열의 이동

질문 기반 수업 계획안

5-1 [2. 온도와 열] / 학습 주제 : 고체에서 열의 이동(6/12)

성취기준	[6과01-03] 고체 물질의 종류에 따라 열이 전도되는 빠르기를 관찰을 통해 비교하고, 일상생활에서 단열을 이용하는 예를 조사할 수 있다.
핵심 질문	찌개에 숟가락을 담가 두면 숟가락 손잡이는 왜 뜨거워질까?
수업 흐름	질문 및 활동
생각 열기	■ 출발 질문(생활에서 과학으로) Q. 뜨거운 물체를 잡았다가 손을 데었던 경험을 이야기해본다면?
생각 키우기	■ 전개 질문 Q. 구리판의 한쪽 끝을 가열하면 열은 어느 방향으로 이동하는가? 　　이것을 온도와 관련지어 말한다면 어디에서 어디로 이동하는가? Q. 정사각형 구리판과 ㄷ자 모양 구리판을 따로 실험한 이유는 무엇을 알아보기 위해서일까? 　　(모둠 토의 질문) Q. 고체에서 전도(열의 이동)는 어떤 경우에 잘 일어나지 않을까?
생각 넓히기 · 삶에 반응하기	■ 도착 질문(과학에서 일상으로) Q. 고기를 구울 때 불 위에 올려놓은 팬에서 열은 어떻게 이동할까?

□ 단원 : 5학년 1학기 4. 용해와 용액
□ 주제 : 용질이 물에 용해될 때 나타나는 특성

질문 기반 수업 계획안

5-1 [4. 용해와 용액] / 학습 주제 : 용질이 물에 용해될 때 나타나는 특성(3/11)	
성취기준	[6과03-01] 물질이 물에 녹는 현상을 관찰하고 용액을 설명할 수 있다.
핵심 질문	사람들이 발포 비타민을 먹는 이유는?
수업 흐름	질문 및 활동
생각 열기	■ 출발 질문(생활에서 과학으로) Q. 무언가를 녹여본 경험을 이야기해볼까요?

생각
키우기
	■ 전개 질문
	Q. 각설탕이 물속에 남아 있다는 것을 어떻게 증명할 수 있을까?
	  – 실험 설계하기
	  – 예상하기
	Q. 각설탕이 물에 용해되기 전과 후의 무게를 비교하면?
	  – 무게를 비교할 때 주의할 점은? 시약 포지 무게 측정
	Q. 각설탕이 물에 용해되기 전과 용해된 후의 무게가 같은 까닭은 무엇일까?
	  – 매우 작게 변해 물속에 남아 있기 때문(물에 골고루 섞임)

생각 넓히기 · 삶에 반응하기	■ 도착 질문(과학에서 일상으로) Q. 엄마가 요리한 국이 짠 이유를 오늘 배운 것으로 설명한다면?

□ 단원 : 6학년 1학기 4. 식물의 구조와 기능
□ 주제 : 잎의 증산 작용 알아보기

질문 기반 수업 계획안

6-1 [4. 식물의 구조와 기능] / 학습 주제 : 잎의 증산 작용 알아보기(6/11)

성취기준	[6과12-02] 식물의 전체적인 구조 관찰과 실험을 통해 뿌리, 줄기, 잎, 꽃의 구조와 기능을 설명할 수 있다.
핵심 질문	**식물은 먹은 물을 어떻게 할까?**

수업 흐름	질문 및 활동
생각 열기	■ 출발 질문(생활에서 과학으로) Q. 숲속에 들어가면 왜 시원한 느낌이 들까?
생각 키우기	■ 전개 질문 Q. 잎에 도달한 물은 어디에 사용되는가? 　남은 물은 어떻게 될까? Q. 잎에 도달한 물이 기공을 통해 밖으로 빠져나가는 현상을 무엇이라고 하는가? 　증산 작용은 어떤 방법으로 확인할 수 있었는가? Q. 기공은 어디에 있는가? 　기공의 하는 역할은 무엇인가? 　기공은 어떻게 생겼는가?
생각 넓히기 · 삶에 반응하기	■ 도착 질문(과학에서 일상으로) Q. 방 안이 건조할 때 습도를 올릴 수 있는 방법을 오늘 공부한 것과 연관지어 본다면?

⚛ 과학 수업에서 질문 기반 수업 디자인이란?

과학은 세상을 이해하기에 좋은 학문이다. 단순한 과학 지식을 아는 데 그치는 것이 아니라, 우리 주변에 일어나는 여러 가지 자연 현상들에 대한 원리를 알 수 있다. 따라서 과학을 공부하는 학생들에게 필요한 것은 자연 현상과 사물에 대한 호기심과 흥미를 갖는 것이다. 호기심과 흥미는 스스로 가질 수도 있고 교사의 질문에 의해서도 생겨날 수 있다. 평소에는 당연한 것으로 여겨졌던 것이 '왜?'라는 질문을 통해 의문을 가지게 된다. 교사의 좋은 질문이 특히 요구되는 교과가 바로 과학이다.

과학 학습의 주제들은 학생들의 일상생활의 문제들을 다루는 것이 좋다. 왜냐하면 학생들은 자신이 경험한 세계에 대한 관심과 호기심이 높기 때문이다. 따라서 과학 수업도 학생들이 보고 듣고 느끼고 경험하는 세계와 관계를 맺어주는 것이 좋으며 이것은 수업 중 교사의 질문을 통해서이다. 따라서 도입 단계에서의 '출발 질문'은 학생들이 '생활에서 과학으로' 들어가는 안내 역할을 하고, 정리 단계의 '도착 질문'은 학생들이 탐구한 '과학에서 일상으로' 맺어주는 디딤돌이 된다.

> ### ★ 질문 기반 수업 디자인을 좀 더 쉽게 하는 방법
>
> 질문 기반 수업 디자인의 수업 과정안 형식은 기존의 수업 과정안보다 간단한 형식이지만, 여러 교과를 준비해야 하는 초등 교사의 입장에서는 이것 또한 부담이 될 수 있다. 과정안을 문서로 준비하는 것이 제일 좋지만 그것이 부담될 경우는 다음과 같은 방법을 추천한다.
>
> 교과서(혹은 지도서)에 포스트잇을 활용해서 질문들을 적어 붙이는 방법이다. 지도서에는 기본적으로 질문들이 있어서 그것을 활용해도 된다. 출발 질문과 도착 질문은 포스트잇에 적어서 붙이고 전개 질문들은 형광펜으로 표시하는 편인데, 이렇게 해도 좋은 질문 기반 수업 디자인이 된다..

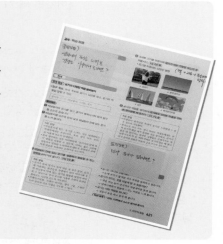

상황 situation이 있는 과학 수업

⚛ 과학 수업은 과학실에서만 한다?

초등학교 과학과는 학생들의 실생활에서 접하게 되는 문제 상황에서 창의적으로 문제를 해결할 수 있는 능력을 기르는 데 중점이 있다. 따라서 학생들의 경험을 고려해서 생활 중심의 소재를 활용한 학습 주제들을 다루어 학습의 흥미를 높이는 것이 중요하다. 현재 준비 중인 2022개정 교육과정에서도 개정의 취지와 방향을 살펴보면 역시 학습자의 삶과 연계한 교육을 중요하게 생각하고 있다.

이렇게 과학 교육은 학습자 중심, 생활 중심의 교육이 이루어져야 하기 때문에 과학실에서 이루어지는 과학 수업은 교사의 수업 재구성이 중요하다. 교사는 학생들의 실생활을 고려한 문제 상황을 적절하게 제시하면서, 학생들로 하여금 과학 수업이 교실 안의 학문으로서의 과학이 아닌 현실 세계를 이해하고 문제를 극복하는 것으로서의 과학으로 경험할 수 있도록 수업을 디자인해야 한다. 상황이 있는 과학 수업은 교실을 벗어나 학교 운동장, 학교 뜰, 별을 관찰하기 위한 집 근처 밤 하늘 등 다양한 장소에서 이뤄질 수 있다.

⚛ 상황 situation이 있는 과학 수업이란?

과학은 현실 세계를 대상으로 하는 학문이며 현실 세계를 이해하는 학문이다. 수업 중에는 이것을 하나의 상황 situation으로 경험할 수 있는데, 학생들은 최대한 현실과 유사한 상황이 주어질 때 흥미를 느끼게 되며 이를 통해 과학 교과에서 요구되는 역량이 길러진다.

교사는 이러한 수업을 디자인하기 위해서 늘 교육과정을 현실 상황과 연결하려는 고민을 해야 한다. 학습해야 할 과제를 적절한 상황과 연결하는 아이디어와 센스도 필요하고, 이러한 수업을 함께 고민하고 나눌 수 있는 동료 교사나 공동체가 있으면 더욱 좋다.

주제 : 간이 보온병 만들기 / 5학년 1학기 2. 온도와 열

상황 제시

보온이 잘되는 보온병을 만들어보세요.

1. 2인 1조로 만들되 재료와 방법은 자유롭게 합니다.
2. 「상품 설명서」와 「품질 보증서」를 함께 만들어주세요.
3. 품질 보증은 '온도의 변화'로 하고, 품질 보증서에 나타나 있어야 합니다.
4. 제작한 보온병의 판매 가격을 제작자인 여러분이 스스로 매기면, 선생님이 보고 마음에 드는 보온병은 돈을 주고 살 것입니다.(흥정 및 세일 가능)
5. 좋은 상품의 조건은 첫째, 열의 이동을 잘 차단해야 하고, 둘째는 디자인, 셋째로 실용성이 있어야 하겠지요?

〈비주얼씽킹으로 상황 제시〉

〈온도의 변화 측정〉

〈완성한 보온병의 모습〉

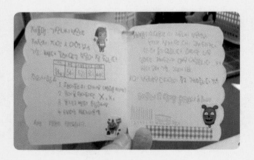
〈상품 설명서 & 품질 보증서〉

 Tips

교사가 구입한 보온병을 며칠간 직접 들고 다니면 학생들의 반응이 뜨겁다. 보온병의 가격은 2,000~3,500원 정도가 적당하다.

주제 : 물질(고체, 액체, 기체)에서의 열의 이동 / 5학년 1학기 2. 온도와 열

상황 제시

1. 선생님이 라면을 끓여 먹으려고 냄비의 끓는 물 위에서 수프 봉지를 찢다가 '앗, 뜨거!' 하였습니다.
2. 수프 봉지의 꼭지가 끓는 물에 빠져서 손으로 건지려다 또 '앗, 뜨거!' 하였습니다.
3. 냄비에 담가둔 젓가락을 잡으려다가 또 '앗, 뜨거!' 하였습니다.

선생님이 세 번 '앗 뜨거!' 한 이유가 무엇인지 너무 궁금합니다. 꼬마 과학자 여러분들이 그 원인을 열의 이동과
관련해서 과학적으로 설명해주세요.(모둠별 토의)

〈비주얼씽킹으로 상황 제시〉

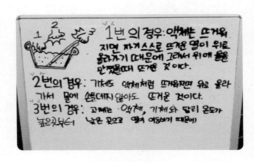

〈모둠별 발표 자료 1〉

〈모둠별 발표 자료 2〉

〈모둠별 발표 자료 3〉

 Tips

　이 수업은 물질의 세 가지 상태에서의 열의 이동을 모두 학습한 뒤 마무리 단계에서 적용할 수 있다. 위 상황은 학생들도
한 번쯤 경험한 일이기 때문에 충분히 공감하며 접근할 것이다. 상황을 제시할 때 비주얼씽킹을 활용하면 학생들의 집중
도와 이해도가 높다.

주제 : 태양계 모형으로 과학관 놀이하기(큐레이터와 관람객) / 5학년 1학기 3. 태양계와 별

1. 오늘 과학실은 과학관이 됩니다. 모둠별로 태양계 모형을 만들어서 코너를 운영하세요.
2. 모둠원 중 한 명(혹은 두 명)은 큐레이터가 되어 관람객들에게 태양계를 설명합니다.
3. 나머지 학생들은 관람객이 되어서 각 코너를 자유롭게 다니며 큐레이터의 설명을 듣습니다.
4. 설명을 듣고 난 뒤 질문을 해도 되겠지요? 큐레이터에게 확인 스탬프(사인)를 받은 뒤 다른 코너로 이동합니다.
5. 스탬프를 모두 모은 학생은 선생님에게 와 선생님이 준비한 선물과 교환합니다.

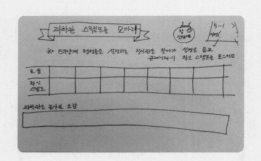

〈스탬프 노트〉

〈모둠별 토의〉

〈큐레이터 되어 설명하고 듣기〉

〈스탬프 모아 제출하기〉

 Tips

관람객 중 장난을 치거나 소란한 친구에게는 큐레이터가 스탬프를 찍어주지 않을 수 있다. 수고한 모든 큐레이터에게는 선물을 주도록 한다.

주제 : 밤하늘의 별과 행성 찾기 / 5학년 1학기 3. 태양계와 별

상황 제시

오늘 밤엔 어떤 별과 행성이 보일까요? 오늘 밤 보이는 별과 행성을 사진으로 찍어 선생님께 문자나 SNS로 보내세요.

1. 오늘 밤 밤하늘에 어떤 별과 행성이 보이는지 교실에서 스텔라리움을 이용해서 확인합니다. (달을 중심으로 주위의 찾기 쉬운 별과 행성들을 찾는다.)
2. 각자 스마트폰에 천체 관측 앱을 설치하여 관찰 시 도움을 받도록 합니다. (시기에 따라 목성, 금성 등은 쉽게 찾을 수 있다.)
3. 밤에 별과 행성을 관찰하고 사진을 찍어서 선생님께 문자나 SNS로 보냅니다.

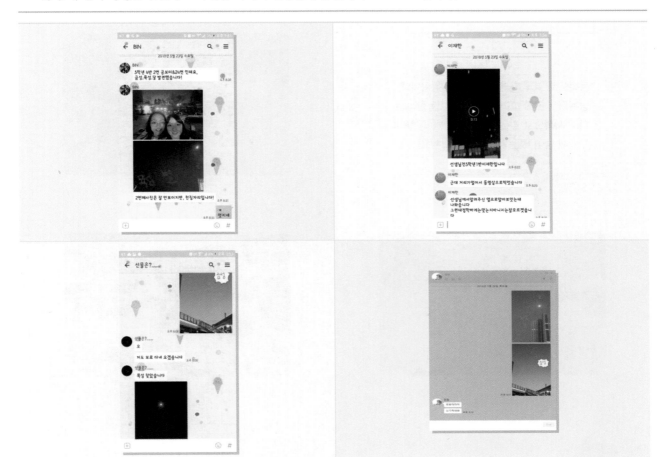

Tips

밤에 관찰을 나갈 때에는 부모님과 함께 나가도록 지도한다. 교사가 찍은 사진을 학생들에게 보여주면 반응이 뜨겁다. 이 과제는 학생들이 언제든지 수행하여 교사에게 사진을 보내도록 한다.

주제 : 나침반을 이용하여 우리 학교 보물찾기 / 3학년 1학기 4. 자석의 이용

상황 제시

나침반은 자석이 항상 일정한 방향을 가리키는 원리를 이용해 만들어진 기구입니다. 만약 무인도나 사막 한가운데 있게 되어 특정한 곳을 찾아가야 할 경우 나침반은 필수도구입니다. 일상생활에서는 등산을 할 경우에 나침반이 있으면 보다 안전하게 길을 찾을 수 있을 것입니다.

1. 지금부터 우리는 나침반을 가지고 학교 안에 있는 보물을 찾는 탐험대가 됩니다.
2. 모둠 친구들과 함께 미션지를 잘 읽어 보고, 지금부터 보물을 찾으러 출발!

〈미션지〉

1. **동쪽**으로 길을 따라서 끝까지 이동합니다.
2. **남쪽**으로 길을 따라 50m 정도 이동합니다.
3. 다시 **서쪽**으로 길을 따라 끝까지 이동합니다.
4. 근처에 숨어 있는 보물을 찾아보세요!

 Tips

　나침반은 교육과정에 자주 나오는 기구이지만 의외로 학생들이 보는 법을 어려워한다. 따라서 나침반을 보는 법을 따로 한 차시 정도 실습해보는 것이 좋다. 보물은 학급 단체 사진이나, 거울을 준비해서 우리 자신이 보물이라는 것으로 연결해도 좋다.

주제 : 학교 숲(뜰) 탐사대 / 6학년 1학기 4. 식물의 구조와 기능

우리 학교에 어떤 식물들이 있는지 알고 있나요? 어떤 나무들이 많이 있고, 어떤 꽃들이 피는지 알고 있나요?

1. 여러분들은 우리 학교 숲(혹은 뜰) 탐사대원들입니다. 지금부터 학교 숲을 탐사해보겠습니다.
2. 지금까지 우리가 배운 식물의 뿌리, 줄기, 잎, 꽃, 열매의 구조들을 직접 살펴봅니다.
3. 미션지를 잘 보고 모든 미션을 수행한 뒤 선생님께 와서 확인을 받습니다.

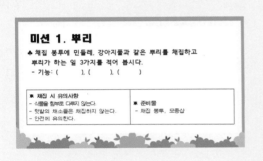

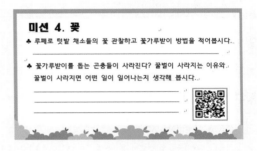

 Tips

　교사는 사전에 학교에 있는 식물들의 종류와 위치를 파악하고 있어야 한다. QR코드를 활용하여 학생들이 필요한 영상들을 참고하도록 하면 좋다. 식물 채집 경험이 없는 아이들이 대부분이라 학생들의 관심과 흥미가 상당히 높지만, 시간이 오래 걸릴 수도 있으므로 2시간을 연차시로 구성하는 것이 좋다.

수업에 대한 반응

"수석 선생님의 수업은 비건 vegan 수업이다."

채식을 하면 식사 시간 동안 흥분하지 않고 천천히 꼭꼭 씹어먹게 된다. 물론 식사 중 내가 먹고 있는 김치, 연근조림 등의 영양 성분을 되새기면서 말이다. 수석 선생님의 수업이 딱 그런 수업이다. 수업 시간 내내 교사도 학생도 흥분하지 않는다. 대신 차분하게 우리가 지금 무엇을 하고 있는지에 대한 탐구 질문에 대해서만 사고하게 된다. 학생들은 수석 선생님이 제시하는 질문을 하나하나 단계적으로 따져가며 몰입한다. 그럴 수 있는 이유는 수석 선생님의 질문은 학생들의 질문이기 때문이다. 교사가 궁금한 내용을 질문으로 만드는 것이 아니라 학생들이 궁금해할 것 같은 질문을 만들어 학생들에게 제공하니, 학생들은 마치 자신들이 만든 질문인 양 사고에 빠져든다.

수석 선생님의 질문은 분절되어 있지 않다. 학생들이 학습 목표에 도달할 수 있도록 질문들이 연속되어 있다는 특징이 있다. 질문 하나하나가 좋은 질문, 나쁜 질문으로 따질 수 없는 꼭 필요한 질문들의 연속체인 것이다. 학생들을 수업으로 초대하고 자발적으로 사고할 수 있도록 조력하는 것이 교사의 역할이라면, 윤 수석 선생님의 수업이야말로 적절한 표본이 될 수 있으리라 생각한다.

조○순(동료 교사)

수석 선생님께서 과학 수업을 하실 때 우선 제목을 보고 질문을 하십니다. 그 과정에서 오늘 할 내용이 자연스럽게 나옵니다. 선생님은 항상 우리들에게 질문을 많이 하셨는데, 실험과 함께 질문을 서로 주고받다 보면 시간은 걸리지만 내가 주체가 되어 학습한 것이라 오래 기억이 되고 과학에 자신감이 생겼습니다.

2년 동안 선생님과 과학 수업이 아닌 재미있는 과학 놀이를 한 것 같고, 배운 내용이 기초가 되어 중학교 과학도 어려움 없이 잘하고 있습니다.

김○희(중1)

MEMO

이완석

대구교육대학원 과학교육학 석사

현) 김천동신초등학교 근무

저서 : 『새내기교사길라잡이』, 『경북교육』,

  『초등과학수행평가집』, 『과학교실수업개선자료집』 등

수상 : 창의융합 교육부장관상, 과학기술정보통신부장관 표창

  (과학교육) 등 다수 수상

손희윤

대구교육대학원 과학교육학 석사

현) 청도초등학교 근무

수상 : 교육부장관 상장 및 교육부장관 표창 등 다수 수상

이기호

영남대학교 교육학 박사

현) 하양초등학교 근무

이수용

대구교육대학원 교육학 석사

현) 왜관초등학교 근무

수상 : 교육부장관 상장 및 교육부장관 표창 등 다수 수상

박명숙

대구교육대학원 미술교육학 석사

현) 사동초등학교 근무

수상 : 올해의 스승상 수상, 국무총리 표창(모범공무원),

  교육부장관 표창(과학교육)

윤동학

한동대학교 교육대학원 일반사회교육 석사

현) 경산압량초등학교 근무

수상 : 교육부장관 상장 및 교육부장관 표창 등 다수 수상

와우!에서 아하!로 이어지는

신세계 초등 과학 수업

저 자 이완석 손희윤 이기호 이수용 박명숙 윤동학

펴낸이 김장일

펴낸곳 우리교과서

초판 1쇄 발행 2022년 12월 10일

편 집 이효정

디자인 스노우페퍼

우리교과서 서울시 금천구 가산디지털2로 165, 1405호

문의 02-866-7535

팩스 02-6305-7036

신고번호 제396-2014-000186호

정가 15,000원

ISBN 979-11-87642-38-1